John Gray
Wunder werden wahr

JOHN GRAY

Mars & Venus Wunder werden wahr

Neun Schritte zur Entfaltung
Ihres Glückspotenzials

Aus dem Amerikanischen
von Clemens Wilhelm

GOLDMANN VERLAG

Die amerikanische Originalausgabe erschien unter dem Titel
»Practical Miracles« bei HarperCollins, New York.

Umwelthinweis:
Dieses Buch und der Schutzumschlag
wurden auf chlorfrei gebleichtem Papier gedruckt.
Die Einschrumpffolie (zum Schutz vor Verschmutzung)
ist aus umweltfreundlicher und recyclingfähiger PE-Folie.

1. Auflage
© 2000 by Mars Productions, Inc.
© 2001 der deutschsprachigen Ausgabe
Wilhelm Goldmann Verlag, München,
in der Verlagsgruppe Random House GmbH
Satz: Uhl + Massopust, Aalen
Druck: GGP Media, Pößneck
Printed in Germany
ISBN 3-442-30950-6
www.goldmann-verlag.de

Dieses Buch widme ich
dem Andenken meiner Mutter Virginia Gray.
Ihre Bescheidenheit, Kraft, Selbstlosigkeit
und Liebe, die sie als Mutter ihrer Familie
und als Buchhändlerin ihren Tausenden von
Kunden erwies, werden unvergessen bleiben.
Ihr sanftes, jugendliches und strahlendes
Wesen wird in mir und in allen weiterleben,
die ihr begegnen durften.
Sie war mein spirituelles Vorbild,
und ich hoffe, dass dieses Buch ein
kleiner Dank für all das Gute sein kann,
das sie mir geschenkt hat.

Danke, Mom,
dass du immer für mich da warst und
auch jetzt in meiner Nähe bist,
um mir zu helfen.

Inhalt

Einleitung

Die meisten Menschen gehen mit vielen guten Vorsätzen ins neue Jahr, die aber nach wenigen Wochen schon wieder vergessen sind. Man nimmt sich vor, sich zum Besseren zu verändern, aber bald ist der Schwung dahin, die alten schlechten Gewohnheiten kehren zurück. Nach einigen gescheiterten Versuchen verliert man die Begeisterung und das Vertrauen in sich selbst und andere. Und wenn man wieder einmal den Impuls spürt, etwas zu ändern, verdrängt man ihn, weil man nicht glaubt, durchhalten zu können.

Eines der wichtigsten Geheimnisse der Veränderung besteht darin, in sich die Fähigkeit zu entdecken, etwas *auf Dauer* zu verändern. Aber an diese Fähigkeit muss man glauben, weil man sonst gar nicht erst den Mut zur Veränderung aufbringt und deshalb die eigene Fähigkeit, kleine Wunder zu bewirken, nicht entdecken kann. Hat man aber einmal verstanden, wie solche kleinen Wunder geschehen, dann kann man das eigene innere Potenzial wirklich nutzen und fast alle Veränderungen herbeiführen, die man sich wünscht.

———◦———

Um Veränderungen zu bewirken, muss man auf das eigene Durchhaltevermögen vertrauen und sich so verhalten, als ob Wunder wirklich möglich wären.

———◦———

Bei allen meinen Workshops steht Zaudern auf der Liste der inneren Blockaden ganz oben. Die Menschen möchten etwas ändern, aber irgendwie schaffen sie es nicht. Sie wagen sich einige Schritte nach vorn, aber dann hält sie eine geheimnisvolle Macht zurück und sie geraten in emotionellen Treibsand. Je mehr sie sich um eine Veränderung bemühen, desto mehr geraten sie ins Bodenlose. Die meisten von uns kennen diese Situation. Solange wir nicht wissen, wie wir Änderungen wirklich herbeiführen können, kämpfen wir einen andauernden stillen Kampf, oder wir geben irgendwann ganz auf.

Das Leben ist dynamisch und drängt nach Veränderung, und unsere heutige Zeit ist schnelllebiger als je zuvor. Solange wir die Geheimnisse nicht kennen, mit denen man Änderungen bewirken kann, machen wir uns das Leben unnötig schwer. Aber schon die Kenntnis einiger weniger Grundsätze genügt, um unbeschwerter durchs Leben gehen zu können. Statt zu kämpfen und zu leiden, stellen wir plötzlich fest, dass wir mit ein paar notwendigen Anpassungen nicht bloß gut zurechtkommen, sondern sogar alle unsere Träume verwirklichen können. Statt gegen den Strom zu schwimmen, genießen wir es, uns treiben zu lassen.

Wie oft haben Sie schon den Entschluss gefasst, Ihre Beziehungen liebevoller zu gestalten? Dann tut Ihr Partner irgendetwas, und gleich fallen Ihnen wieder alle Gründe ein, warum Sie es lieber gleich aufgeben sollten und sich besser doch nicht öffnen. Sie lieben Ihren Partner vielleicht, aber Sie empfinden diese Liebe nicht mehr richtig. Die meisten Paare wünschen sich, einander ein Leben lang leidenschaftlich zugetan zu sein, aber irgendwann stellen sie fest, dass die Leidenschaft verflogen ist. Und sie wissen nicht, warum. Manche geben sich dann mit einer traditionellen und loyalen, aber leidenschaftslosen Zuneigung zufrieden. Aber die meisten Menschen lehnen sich dagegen auf – und deshalb hat die Unzufriedenheit und die Zahl der Scheidungen so stark zugenommen.

———◄○►———

Die meisten Paare wünschen sich,
einander ein Leben lang leidenschaftlich zugetan
zu sein, aber irgendwann stellen sie fest,
dass die Leidenschaft verflogen ist.

———◄○►———

Im Geschäftsleben ist es genauso: Man beschließt, effizienter zu arbeiten und sich in Bereiche vorzuwagen, in denen man sich bisher nichts zugetraut hat. Aber schon bald kommt der Rückschlag. Selbst wenn man erfolgreich ist und vielleicht mehr Geld verdient, stellt man fest, dass zugleich die Schulden und der Stress gewachsen sind, so dass man seinen neuen Überfluss gar nicht genießen kann. Immer mehr Familien brechen heute unter der Last der alltäglichen Ausgaben auseinander. Das einfache Leben mit nur gelegentlichen Veränderungen ist vorbei, Geschäfte werden heute immer schneller abgewickelt, und wer nicht mithalten kann, geht unter.

Dieser Stress fordert seinen Tribut – nicht nur von unseren Beziehungen, sondern auch von unserem Körper. Oft fasst man dann den Entschluss, sich gesünder zu ernähren und Sport zu treiben, aber innerhalb weniger Wochen ist man wieder zu den alten schlechten Gewohnheiten zurückgekehrt. In der westlichen Welt gibt es heute mehr Scheidungen, mehr verschuldete und mehr übergewichtige Menschen als jemals zuvor.

Obwohl die Medizin großartige Fortschritte gemacht hat, sind wir stärker als je zuvor von Medikamenten und Ärzten abhängig. Wenn wir nicht unter Übergewicht leiden, dann entwickeln wir vielleicht ein Suchtverhalten, werden Alkoholiker oder Workaholics oder leiden an Allergien und chronischen Schmerzen. In den Vereinigten Staaten – und nicht nur dort – sind die drei größten gesellschaftlichen Probleme Überschuldung, häusliche Gewalt und die explodierenden

Gesundheitskosten. Das alles sind Symptome für unsere Unfähigkeit, uns auf veränderte Bedingungen einzustellen.

——◄◦►——

In unseren Beziehungen häufen wir emotionalen
Ballast an, im Geschäftsleben Schulden und in
unserem Körper Fett und Giftstoffe.

——◄◦►——

Viele Menschen werden nach dem Ende ihrer Kindheit vom Strom des Lebens einfach mitgerissen, und sie bringen nicht mehr die Kraft zu grundlegenden und dauerhaften Veränderungen auf. Wenn man dagegen nichts unternimmt, kann diese Unfähigkeit letztlich zu physischen Schmerzen oder Krankheit, zu ausbleibendem Erfolg oder zum Verlöschen aller Leidenschaften führen. Gelingt einem Menschen hier eine Veränderung, so nenne ich das ein kleines Wunder.

Ich selbst habe entdeckt, dass Wunder möglich sind, als ich Zeuge mehrerer Heilungen wurde, für die die moderne Medizin keine Erklärung hatte. Menschen, die an unheilbarem Krebs litten und von den Ärzten aufgegeben worden waren, wurden auf wunderbare Weise wieder gesund. Solche Wunderheilungen sind immer schon geschehen, trotzdem werden sie oft nicht anerkannt, weil die Wissenschaft sie nicht erklären kann und weil sie nicht ohne weiteres unter kontrollierten Bedingungen wiederholt werden können. Aber die Tatsache, dass wir Wunder nicht erklären können, bedeutet nicht, dass es sie nicht gibt. Die Tatsache, dass wir sie früher nicht verstehen konnten, bedeutet nicht, dass wir sie heute auch nicht verstehen können. Nein, wir können sogar lernen, sie in unserem eigenen Leben Wirklichkeit werden zu lassen.

Als ich Zeuge solcher Heilungen wurde und dann an mir selbst die Heilung meines erblindeten linken Auges erlebte, wurde mir schlagartig klar, dass diese Wunder eine Tatsache sind. Sie sind immer schon geschehen, und sie geschehen auch heute. Und sie sind auch nicht auf die Heilung Kranker beschränkt, sondern treten in allen Lebensbereichen auf.

Bei meinen Forschungen zur Erklärung von Wundern entdeckte ich, dass dieselben Prinzipien, die eine physische Heilung herbeiführen, auch den beruflichen Erfolg herbeiführen und liebevolle Beziehungen ermöglichen können. Und ich erkannte, dass Wunder auch dann geschehen, wenn es sich um »kleine Fische«, nicht um lebensbedrohliche Probleme handelt.

———◄○►———

Hat man erst einmal verstanden, wie Wunder-
heilungen bei Krankheiten geschehen,
dann erkennt man auch, dass ähnliche Wunder in
allen Lebensbereichen möglich sind.

———◄○►———

Wunder geschehen die ganze Zeit, aber wir reden dann normalerweise einfach von »Glück«. Schreibt man seinen Erfolg aber nur dem »Glück« zu, dann behauptet man damit, dass man gar keinen Einfluss auf Erfolg oder Misserfolg hätte. Aber in Wirklichkeit ist es so, dass etwas Positives nie grundlos geschieht. Wir treffen ständig Entscheidungen, und diese haben Folgen. Wenn uns etwas gut gelungen ist und wir wissen nicht, wie wir das nur geschafft haben, dann nennen wir es »Glück«. Aber wir nennen es nur deshalb so, weil wir noch nicht verstanden haben, wie wir mit unseren Überzeugungen, Gefühlen, Gedanken und Entscheidungen selbst bestimmen, wie unser Leben verläuft.

Wenn man einmal genauer untersucht, wie verschiedene Menschen *vor* einem Wunder gedacht und gefühlt haben, dann erhält man durch diese Kenntnisse die Möglichkeit, im eigenen Leben Wunder zu wirken. Ich habe dafür neun Leitprinzipien entwickelt, die jedem Menschen dabei helfen können, seine Träume nicht nur zu träumen, sondern auch zu verwirklichen. Glück und Erfolg hängen nicht vom Zufall oder vom Schicksal ab – man kann sie ganz bewusst Tag für Tag neu bewirken.

Der Placebo-Effekt

Geschieht ein Wunder, schreibt man das oft dem Glück, dem festen Glauben oder der Macht der Suggestion zu. Im Glauben liegt sicher eine außerordentliche Kraft, aber trotzdem genügt der Glaube oder einfach eine optimistische Haltung noch nicht. Wenn eine Wunderheilung geschieht, kehren manchmal nach einigen Wochen die Symptome zurück. Das ist der Grund, warum Ärzte und Wissenschaftler oft bei spontanen, wunderbaren Heilungen skeptisch sind. Sie erkennen zwar an, dass es solche Heilungen gibt, aber sie sind der Meinung, dass in den meisten Fällen diese Besserung nur vorübergehender Art ist und dass keine echte Heilung eingetreten ist. Aber statt zu fragen: »Gibt es wirklich wunderbare Heilungen?«, könnte man auch fragen: »Wie heilt der Glaube, und warum sind solche Heilungen manchmal nur vorübergehender Art?« Die nächste Frage wäre dann: »Wie kann man verhindern, dass Krankheit und Beschwerden wiederkehren?«

Dass Wunderheilungen oder positive Veränderungen der Persönlichkeit vorübergehender Natur sein können, ist in der Wissenschaft gut bekannt. Man nennt dies den Placebo-Effekt. Oft geht es Patienten einfach deshalb besser, weil sie fest von einer Besserung überzeugt sind. In Untersuchungen wurde immer wieder gezeigt, dass bei manchen Menschen auch dann eine Besserung eintritt, wenn sie eine Tablette erhalten, die keinerlei wirksame Bestandteile enthält. Die bloße Überzeugung bewirkt eine vorübergehende Heilung.

Der Placebo-Effekt tritt aber auch in anderen Situationen auf. Man hört z. B. einem mitreißenden Redner zu, und plötzlich wird man zu positiven Veränderungen inspiriert. Aber diese vorübergehende Euphorie hält meistens nicht lange an, und die Veränderungen sind selten von Dauer. Es kommt zum Beispiel häufig vor, dass sich Menschen nach einem Werbespot im Fernsehen einen Hometrainer kaufen, der nach einigen Wochen wieder nutzlos in der Ecke steht. Viele öffnen nicht einmal die Verpackung.

Bei den meisten Menschen verfliegt die anfängliche Begeisterung sehr schnell. Und manche misstrauen sofort den vollmundigen Versprechungen. Alles, was eine wundersame Veränderung verspricht, wird von ihnen als Schnickschnack betrachtet. Es ist wie bei jedem anderen Placebo: Das Wunder kann eintreten, wenn man daran glaubt – aber der Glaube allein genügt noch nicht für eine bleibende Wirkung.

Besonders häufig tritt der Placebo-Effekt in Liebesangelegenheiten auf. Ist man sich sicher, dass man den Mann oder die Frau seiner Träume gefunden hat, dann verliebt man sich. An erster Stelle steht der Glaube, dass man den Richtigen oder die Richtige gefunden hat, und erst dann verliebt man sich. Lernt man diesen Menschen näher kennen und verliert irgendwann den Glauben daran, dass er der Richtige ist, dann ist es mit der Liebe vorbei. Eigenartigerweise verliebt man sich besonders häufig in Menschen, die man kaum kennt. Wenn man aber fest daran glaubt, dass dieser Jemand der Richtige ist, dann verhält man sich auch so, als ob es tatsächlich der Richtige wäre. Mit einem Mal ist alle Einsamkeit und alle Unlust verschwunden – zumindest für eine Weile. Deshalb ist es so schön, sich zu verlieben. Umgekehrt ist dies aber auch der Grund dafür, warum der Verlust der Liebe eine so große Enttäuschung sein kann. Glaubt man nicht mehr daran, dass der Partner der Richtige ist, dann kehrt plötzlich der nicht aufgelöste Schmerz wieder zurück, der verschwunden schien, als man sich verliebte.

Wiederholte Enttäuschungen führen leider dazu, dass man nicht mehr daran glaubt, sich seine Wünsche und Träume erfüllen zu können. Dann wird das Leben langweilig und verliert seinen Reiz. Man resigniert und akzeptiert die innere Lieblosigkeit als natürliches Symptom des Älterwerdens. Aber das ist nicht so, zum Glück! Wenn man sich dauerhafter Liebe, wachsenden Erfolgs oder bester Gesundheit erfreuen will, darf man nicht vergessen, dass der Glaube an Wunder nur eines von vielen Leitprinzipien ist, durch die man konkrete und dauerhafte Veränderungen in seinem Leben erreichen kann. Kennt man die übrigen Grundsätze nicht, dann hört man auf, an die Macht des Glaubens zu glauben.

———◄◦►———

Wiederholte Enttäuschungen führen dazu,
dass man nicht mehr daran glaubt, sich seine Wünsche
und Träume erfüllen zu können.

———◄◦►———

Optimismus ist die Basis für bleibende Inspiration. Veränderungen können nur eintreten und dauerhaft sein, wenn man den Glauben nicht aufgibt. Ohne Hoffnung wiederum hat man keine Motivation. Und ohne Motivation legt man niemals den Grundstein für seinen Erfolg, weil man sich mit dem Vorhandenen zufrieden gibt. Das mag vielleicht bequem sein, aber man verzichtet damit auf seine Träume und Leidenschaften, und Wunder können so auch nicht eintreten.

Die Grenzen der Naturgesetze

Die Fähigkeit zu kleinen Wundern zu entwickeln, heißt nicht, dass man beliebige Ereignisse herbeiführen könnte. Die Naturwissenschaft lehrt uns, dass alles in der Welt bestimmten Naturgesetzen gehorcht. Andererseits räumt die Wissenschaft auch ein, dass die Naturgesetze nicht vollständig erforscht sind. Aber die Tatsache, dass mehr möglich ist, bedeutet nicht, dass alles möglich ist. So kann man z. B. einen Knochenbruch nicht an einem Tag heilen. Aber wenn etwas nicht heilen will, kann man die natürlichen Selbstheilungskräfte stimulieren. Dies bewirkt, dass der Knochen schneller heilen kann. Letztlich ist alles, was uns begegnet, wunderbar, von den neuesten technischen Entwicklungen bis zu den köstlichen Äpfeln eines Baums, der aus einem einzigen Samen wächst. Wenn man sich in den Finger schneidet und der Körper die Verletzung heilt, ist dies ein Wunder. Sobald jedoch diese Wunder eine alltägliche Erfahrung werden, betrachtet man sie nicht mehr als Wunder. So erscheinen zunächst auch die Veränderungen, die man durch die Anwendung der hier vorgestellten Techniken zur Erzeugung von kleinen Wundern erfährt, als wunderbar. Wenn man sich jedoch erst an diese neuen Fähigkeiten gewöhnt hat, fühlen sie sich schnell ganz normal an.

Dieses Buch erläutert die grundlegenden Prinzipien, mit denen man sein Leben in allen Bereichen verändern kann, indem man die eigenen Überzeugungen, Gefühle und Gedanken auf eine neue Ebene bringt. Ändert man die Innenwelt, dann kann man auch die äußere Welt, zum Beispiel die Beziehungen oder den eigenen Körper, sehr wirksam beeinflussen.

Allerdings ist es selbst mit Wunderkräften nicht zu erreichen, dass alle Beziehungen funktionieren. Man kann es nicht allen recht machen – und nicht alle können es einem selbst recht machen. Es gibt Grenzen. Man kann nicht dauernd Gift essen und gesund bleiben. Auch durch wunderbare Fähigkeiten lassen sich ungesunde Lebensmittel nicht in gesunde verwandeln. Gift bleibt Gift – aber Sie können sich seinem Einfluss entziehen. Nachdem Ihre Krankheiten geheilt sind, können Sie sich für eine gesündere Lebensweise entscheiden, denn mit der Heilung kommt oft auch die Einsicht, was gut für Sie ist und was nicht.

Hat man die Ursache eines Unbehagens beseitigt, schwindet auch das Verlangen nach ungesunden Nahrungsmitteln. Umgekehrt gilt: Wenn man etwas isst, das nicht gut für einen ist, und man sich nicht um Heilung bemüht, wächst das Verlangen, dieses Verhalten fortzusetzen. Solange man nicht weiß, wie man kleine Wunder wirken kann, müht man sich vielleicht jahrelang vergebens, schlechte Gewohnheiten zu ändern.

Man kann auch nicht beruflich oder privat Erfüllung finden, solange man im Grunde etwas anderes möchte. Auf der anderen Seite kann man durchaus die richtige Beziehung haben, aber trotzdem unglücklich sein, weil man sein wunderbares Potenzial, dauerhafte Liebe zu erzeugen, nicht nutzt. Man kann den richtigen Beruf haben und trotzdem unzufrieden sein, weil man seine wunderbare Fähigkeit, Erfolg zu erringen, nicht nutzt. Man kann sich gesund ernähren und auch sonst vieles für seinen Körper und Geist tun, aber wenn man sein wunderbares Potenzial, Gesundheit zu erlangen, nicht nutzt, kann man trotzdem krank werden.

Warum manche Menschen gesund werden und andere nicht

Jeder Arzt oder Heiler erlebt irgendwann einmal frustriert, dass eine Behandlung, mit der er immer Erfolg hatte, bei manchen Menschen nicht anschlägt. In solchen Augenblicken stellen sich viele Ärzte, Psychologen und Heiler die Frage: »Warum werden manche Menschen gesund und andere nicht?« Warum können manche Patienten oder Klienten ihr wahres Potenzial für Erfolg, Liebe und Gesundheit nutzen und andere nicht?

———<o>———

Jeder Arzt oder Heiler erlebt irgendwann einmal,
dass eine Behandlung, mit der er immer Erfolg hatte,
bei manchen Menschen nicht anschlägt.

———<o>———

Es steht nicht in unserer Macht, den inneren Wert einer Sache zu ändern, aber das eigene Verlangen lässt sich ändern. Hat man Verlangen nach ungesunden und schädlichen Dingen und findet man nicht die Kraft, sich dagegen aufzulehnen, dann ist es fast ein kleines Wunder, wenn man dieses Verhalten doch ändern kann, wenn man plötzlich die Kraft spürt, sich vom Joch dieser falschen Begierden zu befreien und wieder zu einem gesunden und natürlichen Verhalten zurückzukehren.

Es ist eines der größten Wunder des Alltags, wenn jemand sich von zwanghaftem Verhalten oder Süchten befreien kann. Wenn das gelingt, wird das ganze Leben sehr viel einfacher und befriedigender. Hat jemand z. B. sein Leben lang Salat verabscheut, dann ist es ein kleines Wunder, wenn er ihn plötzlich nicht nur mag, sondern ihn sogar mit Begeisterung und Genuss isst. War jemand sein ganzes Leben lang wütend oder verletzt, wenn er nicht bekommen hat, was er haben wollte, dann wird er es als wunderbare Befreiung erleben, sich von der zwanghaften Auffassung zu lösen, dass das Leben vollkommen sein muss.

In diesem Buch werden Sie erfahren, wie Sie Veränderungen herbeiführen können, die Sie nie für möglich gehalten hätten. Machen Sie sich mit den neun Leitprinzipien für kleine Wunder vertraut und lernen Sie neue Techniken kennen, um Ihr wahres Potenzial zu entdecken! Jeder ist seines Glückes Schmied, sagt das Sprichwort. Gleichgültig, mit welchen Fehlern und Einschränkungen Sie in der Vergangenheit leben mussten:

Fangen Sie heute damit an, sich dauerhafte Liebe, größeren Erfolg, Vitalität und Gesundheit zu sichern.

1

Kleine Wunder für Mars und Venus

Auf dem Wasser zu wandeln, ist ein Wunder, aber friedlich auf der Erde zu wandeln, ist ein noch größeres Wunder. Wasser in Wein zu verwandeln, ist ein Wunder, aber nützlicher ist es, ein ungesundes Verlangen in einen gesunden Wunsch zu verwandeln. Die Toten zu erwecken, ist eine wunderbare Demonstration göttlicher Macht, aber ebenso wunderbar ist es, wenn man sein Kind von Bauchweh oder Ohrenschmerzen befreien kann. Und besonders großartig ist es, wenn man sich kerngesund fühlt und erst gar nicht krank wird. Die Fähigkeit, diese kleinen Wunder zu wirken, ist heute jedem zugänglich.

Die Menschheit hat lange darauf gewartet. Die Propheten aller Religionen haben verkündet, dass diese Zeit einmal kommen wird. Die dramatischen spirituellen Veränderungen in der westlichen Welt, die durch den Papst und andere religiöse Leitfiguren inspiriert sind, aber auch durch die vielen Selbsthilfebücher in den Bestsellerlisten, sind Ausdruck eines wachsenden Bedürfnisses nach Veränderungen. Und diese Veränderungen sind nicht nur spiritueller Natur: Sie treten praktisch in allen Lebensbereichen auf. Nie zuvor in der Geschichte gab es innerhalb so kurzer Zeit so umfassende gesellschaftliche, politische und wirtschaftliche Veränderungen, und nie zuvor stand den Menschen so viel Wissen zur Verfügung.

Natürlich sind nicht alle diese Veränderungen positiv, aber sie schärfen uns den Blick dafür, womit wir unser neues Potenzial am besten verwirklichen können. Manchmal geht man ein Stück in die falsche Richtung und erkennt erst dann die richtige. Fehler gehören zum Prozess des Lernens. Eine Veränderung zum Schlechteren, durch die man seinen Irrtum erkennt, kann zur Triebfeder einer grundlegenden Veränderung zum Besseren werden.

Das Einzigartige an unserem Zeitalter liegt darin, dass die Menschen jetzt die Möglichkeit haben, »den Himmel auf die Erde zu bringen« und eine Welt des Friedens, der Liebe, der Gesundheit und des Wohlstands für alle zu schaffen. Jesus sprach einmal von einer Zeit, in der die Menschen die Wahrheit verstehen würden und sogar noch größere Wunder wirken könnten als er selbst. Ich bin überzeugt, dass er damit unser neues Potenzial meinte. Auch Buddha sprach von einer Zeit, in der die Welt vom Leiden des Nichtwissens erlöst werden würde. Moses verhieß das Gelobte Land, in dem Milch und Honig fließen sollte. Die großen Propheten aller Religionen haben ein Zeitalter des Friedens, der Liebe, der Gerechtigkeit und des Wohlstands in der ganzen Welt vorhergesagt.

Und diese besondere Zeit ist jetzt schon da. Die Verwandlung ist schon geschehen. Um etwas daraus zu machen, brauchen wir nur unser neues Potenzial einzusetzen. Seit Jahrtausenden bereitet sich die Menschheit auf diese Veränderung vor. Man kann diesen Vorgang mit dem Reifen einer Frucht vergleichen. Zu einem bestimmten Zeitpunkt ist der Apfel, der langsam wächst und gedeiht, plötzlich reif. Man braucht nur im richtigen Moment nach ihm zu greifen, und mit einer leichten Drehung löst er sich vom Baum. Solange er noch nicht reif ist, kann man ihn nur mit großem Kraftaufwand pflücken, und er schmeckt auch noch nicht süß.

Ebenso ist jetzt vieles allen Menschen zugänglich, was für die meisten früher nur schwer oder gar nicht erreichbar war. Diese Erkenntnis beruht auf meiner unmittelbaren Erfahrung, auf der einfachen Beobachtung dessen, was heute geschieht. In den vergangenen Jahrzehnten habe ich zum Beispiel nicht nur Paare beraten, sondern auch verschiedene Heil- und Meditationstechniken gelehrt. In meinen heutigen Workshops sind die unmittelbaren Erfolge, die schon Anfänger mit diesen Techniken erzielen können, ein Quantensprung gegenüber demjenigen, was noch vor wenigen Jahren möglich war. Die meisten Teilnehmer erreichen heute an einem einzigen Tag fast so viel wie ich in jahrelanger, konsequenter Übung.

Vom Mönch zum Millionär

In meinem dritten Lebensjahrzehnt lebte ich, obwohl ich damals ebenso überzeugter Christ war wie heute, neun Jahre lang als hinduistischer Mönch. Ich meditierte damals mindestens zehn Stunden täglich, führte ein sehr einfaches Leben und nahm oft nur eine einzige Schale Nahrung zu mir. Nach etwa acht Jahren hatte ich in meiner Meditationspraxis einen sehr hohen Stand erreicht, aber es dauerte noch einmal zwanzig Jahre regelmäßiger Übung, bis diese Erfahrungen mein inneres Potenzial weckten, kleine Wunder zu bewirken. Aber eine solche Anstrengung ist heute nicht mehr notwendig. In nur wenigen Wochen erreichen meine Klienten und Workshop-Teilnehmer durch einfache Übungen viele der positiven Wirkungen und Ergebnisse, für die ich fast dreißig Jahre gebraucht habe.

Die praktischen Auswirkungen von Meditation sind nicht auf spirituelle Errungenschaften oder innere Gelassenheit beschränkt. Fortschritte in der Meditation und in Selbstheilungspraktiken können auch das Potenzial für Erfolg, Liebe und Gesundheit ganz wesentlich steigern. Lassen Sie sich aber durch das Wort »fortgeschritten« nicht von den Übungen abschrecken, die ich hier vorstellen möchte. Gerade die fortgeschrittensten Techniken sind oft die einfachsten. Die meisten Menschen verlieren deshalb das Interesse an Meditation, weil ihnen nur die Techniken für Anfänger beigebracht werden. Dann ist Meditation natürlich langweilig. Wendet man jedoch die fortgeschrittenen Techniken an, dann ist sie plötzlich interessant und es stellen sich rasch konkrete Ergebnisse ein.

Als ich mit neun Jahren zum Karatetraining ging, hatte ich einen erfahrenen Lehrer, der zum Glück nicht mit Übungen für Anfänger begann. Wir lernten sofort die höheren Techniken, die aufregend und interessant waren und trotzdem unserem Können entsprachen. Früher brauchten die Menschen Anfängertechniken, aber das ist heute nicht mehr nötig.

Ganz ähnlich verhält es sich, wenn man Klavier spielen lernen will. Kinder müssen mit einfachen Fingertechniken beginnen. Ich war fünfundvierzig, als ich beschloss, Klavier spielen zu lernen. Ich fand einen Lehrer, der bereit war, all die Anfängerübungen wegzulassen und mich gleich die fortgeschritteneren Techniken zu lehren. Innerhalb einer Woche konnte ich meine Lieblingssongs aus *Les Miserables* spielen. So blieb das Klavier für mich interessant, und nach einem halben Jahr konnte ich zwanzig meiner Lieblingslieder spielen.

Wenn jemand schon fortgeschritten ist und es lediglich noch nicht weiß, kann er schon in kurzer Zeit Dinge erreichen, für die er früher ein ganzes Leben gebraucht hätte. Erfolg beruht natürlich auf vielen Faktoren, aber ich schreibe meinen Erfolg als Lehrer und Schriftsteller der Tatsache zu, dass ich Meditieren und Beten gelernt habe. Um beruflichen Erfolg zu haben, zugleich für meine Familie da sein zu können und körperlich fit und gesund zu bleiben, braucht man eine feste spirituelle Basis. Weil ich der Spiritualität immer den Vorrang einräumte, ging es mir auch in meinen übrigen Lebensbereichen gut.

———◆———

*Um beruflichen Erfolg zu haben, zugleich für eine
Familie da sein zu können und körperlich fit zu
bleiben, braucht man eine feste spirituelle Basis.*

———◆———

26

Auf meinem Weg habe ich mich immer ganz wörtlich an die Botschaft Jesu gehalten: »Sucht zuerst das Himmelreich, und alles Übrige wird euch gegeben werden.« Weil ich in meinem Inneren die Verbindung zu Gott fand, erlangte ich Zugang zu einem außerordentlich kreativen Veränderungspotenzial. Diese schlichte Botschaft ist die Grundlage für kleine Wunder.

Im christlichen Vaterunser lehrte Jesus seine Schüler, zu Gott zu beten: »Dein Reich komme.« Damit ist auch gemeint, dass man die Erfahrung des Himmels nicht bis auf die Zeit nach dem Tod aufschieben muss. Man kann sie jetzt schon in seinem Alltagsleben verwirklichen. Auch Johannes der Täufer verkündete die Botschaft Jesu, als er sagte: »Das Himmelreich ist nahe.« Diese Botschaft gab den Menschen Hoffnung, aber Jesus sagte ihnen auch, dass sie noch nicht soweit seien, um seine Lehre ganz verstehen zu können. Eines Tages aber würden sie sie verstehen, und dann würden auch sie Wunder vollbringen können.

Weil diese Zeit jetzt gekommen ist, stehen heute die spirituellen und praktischen Fähigkeiten, die einst nur wenige Auserwählte erreichen konnten, allen offen. Früher musste man sich aus dem Leben zurückziehen und Opfer bringen, um auch nur einen Hauch wahrer spiritueller Liebe und Macht zu erlangen. Heute braucht man nur einen guten Lehrer zu finden und einige neue Fähigkeiten anzuwenden, die unserem Zeitalter der Wunder angemessen sind.

Zeuge von Wundern

Wunder sind möglich. Das habe ich erkannt, als ich selbst geheilt wurde und Zeuge von Heilungen wurde. Ich habe Patienten gesehen, die bereits von den Ärzten aufgegeben waren, und bin Zeuge geworden, wie sie durch Änderung ihrer Lebensweise, alternative Heilmittel und Umstellung der Ernährung geheilt wurden. Am erstaunlichsten waren für mich die Wirkungen von so genannten Energieheilungen oder spirituellen Heilungen. Nachdem ich das alles mit eigenen Augen gesehen hatte, begann ich zu erkennen, dass Wunder in allen Lebensbereichen ständig geschehen. In der Rückschau betrachte ich heute jede Art von Heilung als ein Wunder, ganz gleich, ob sie nun durch Herztransplantation, Akupunktur, eine Ernährungsumstellung oder einen spirituellen Heiler geschieht.

Ein Wunder ist nicht einfach eine physische Heilung. Es geht auch darum, eine emotionale Blockierung aufzulösen, so dass man plötzlich fähig ist, mehr Liebe zu sich selbst oder anderen zu empfinden. Bei anderen Menschen kann es eine Heilung von physischen Schmerzen sein. Durch Energieheilungen verschwinden oft chronische Schmerzen, ohne jemals wiederzukehren. Für wieder andere Menschen kann Heilung eine plötzliche Motivation bedeuten, sich gesünder zu ernähren und dadurch abzunehmen.

Diese Wunder befreien uns von Dingen, die uns daran hindern, liebevoller, erfolgreicher und gesünder zu sein. Es ist ein Prozess, der in Stufen abläuft. Nicht, dass die Wunder wie durch Zauber alle Probleme beseitigen, aber die Blockierungen, die uns daran hindern, unsere Probleme verantwortungsvoll zu lösen, können nach und nach verschwinden. Wir brauchen uns nicht mehr mit schlechten Gewohnheiten oder hemmenden Verhaltensmustern zu plagen. Das bedeutet natürlich nicht, dass Ärzte, Therapeuten und Ernährungsberater jetzt überflüssig wären. Es ist vielmehr so, dass die Heilung durch natürliche Energie geschieht, durch Nutzung der Fähigkeit, kleine Wunder zu vollbringen – wenn diese natürliche Energie mit einer guten ärztlichen Versorgung, mit gesunder Ernährung und Lebensweise zusammenwirkt. Heilung durch natürliche Energie steigert die Effektivität jeglicher Behandlungsformen.

Ich weiß, dass hier viele Menschen mit Skepsis reagieren

werden. Es erstaunt mich selbst ja auch immer noch! Bei meinen Workshops während der letzten dreißig Jahre sind solche spontanen Heilungen nicht aufgetreten. Ich bekam gelegentlich Rückmeldungen über wunderbare Veränderungen, doch das waren Einzelfälle. Fast alle, die geheilt wurden, waren voll neuer Energie, glücklich und motiviert, aber oft waren die Erfolge nicht von Dauer. Der Hochstimmung, die dadurch entstand, dass sie sich Tage und Wochen mit ihrem inneren Wachstum beschäftigten, folgte bald ein Tief. Die Erfahrung einer neuen Liebe und einer neuen Stärke war durchaus konkret, aber nach einigen Monaten verblassten viele der neuen Erkenntnisse und Heilungswirkungen wie ein Traum nach dem Erwachen. Nicht selten machten sich diejenigen, die ein solches Scheitern erlebten, Vorwürfe, und glaubten nicht mehr an ihr persönliches Potenzial.

Als ich dies erkannte, gab ich keine langen Transformationsworkshops mehr, sondern konzentrierte mich auf kurze Seminare, in denen ich praktische und rasch wirksame Methoden vermittelte, wie ich sie zum Beispiel in dem Buch *Männer sind anders. Frauen auch* beschrieben habe.

Ein Blinder wird sehend

Im Jahr 1993 kam für mich der ganz große Erfolg in meinem Leben. Mein Traum, der Welt helfen zu können, schien in Erfüllung zu gehen. Im selben Jahr zog ich mir eine Augeninfektion zu. Bei einem Urlaub im Ausland hatte ich mit verunreinigten Lebensmitteln Parasiten aufgenommen, die meine Augen befallen hatten. Nach einigen Monaten war ich auf dem linken Auge praktisch blind. Je schwächer mein Augenlicht wurde, desto düsterer wurde auch mein Leben. Bei Regenwetter und in der Dämmerung konnte ich nicht mehr sicher Auto fahren. Um mir Mut zu machen, sagte ich mir, dass dies eben eine neue Herausforderung sei, und wenn ich mich ihr stellte, könnte sie sich letztlich doch als Geschenk erweisen. Alle bisherigen Rückschläge in meinem Leben hatten mich nur auf einen neuen Weg gebracht und mir zu neuen Fähigkeiten verholfen. Letztlich würde es mit meiner Erblindung nicht anders sein.

Ich wandte mich an die besten Augenärzte der Welt. Innerhalb eines halben Jahres untersuchten mich nicht weniger als sechzehn Spezialisten. Aber sie konnten nichts für mich tun. Mein Augenlicht wurde zusehends schlechter. Indem ich meine eigenen Verfahren zur emotionalen Bewältigung gegen die drohende Depression einsetzte, gelangte ich allmählich zu größerer Gelassenheit gegenüber meinem Schicksal. Gleichzeitig hörte ich nicht auf, mich um meine Heilung zu bemühen. Ich änderte meine Lebensweise und beschloss, weniger zu arbeiten und jetzt endlich einige Dinge zu tun, die ich schon immer tun wollte.

Damals eroberte gerade mein neues Buch *Männer sind anders. Frauen auch* die Bestsellerlisten, und ich beschloss, mir ein schnelles, neues Auto zu gönnen. Das ist vielleicht für viele Menschen nichts Besonderes, aber für mich war es etwas Außergewöhnliches. Ich hatte immer im Rahmen meiner Möglichkeiten gelebt, und ich besaß nicht viele teure oder schicke Sachen. Meine Frau und ich versuchten auch, möglichst umweltbewusst zu leben, und das Auto, das ich mir wünschte, hatte einen enormen Benzinverbrauch.

Meine Frau war sehr überrascht, als ich ihr sagte, welches Auto ich mir kaufen wollte. Ich erklärte ihr, dass ich es gerne haben wollte, und dass wir es uns leisten könnten. Als ich ihr dann noch sagte, dass ich ein schwarzes Auto haben wollte, meinte sie: »Schwarz ist keine gute Farbe. Du wirst es jede Woche waschen müssen, und ich weiß, dass du dazu keine Lust hast.«

Ich antwortete: »Das stört mich nicht. Ich will ein schmutziges, schwarzes, schnelles Auto.«

Eine Woche nachdem ich das Auto gekauft hatte, unternahmen wir damit eine wochenlange Reise durch das nördliche Kalifornien und Oregon. Wir atmeten frische Luft, wanderten durch Wälder, schwammen in Seen, meditierten in der klaren Bergluft und schliefen morgens so lange, wie wir Lust hatten. Ich glitt mit meinem schnellen Auto über die breiten Highways und genoss die herrliche Landschaft. Diese wunderbare Erfahrung lenkte mich vom Stress in meinem Leben und von meiner Augenerkrankung ab. Ich hatte mir genug Sorgen gemacht. Es war Zeit, mein Leben zu genießen. Nachdem wir fünf Tage unterwegs gewesen waren, fiel mir auf, dass die Luft viel klarer geworden war. Dann entdeckte ich, dass ich auf dem linken Auge nicht mehr so unscharf sah.

Es war ein Wunder. Als wir wieder nach Hause zurückkehrten, war mein Sehvermögen weitgehend wiederhergestellt. Weil ich meinem Herzen gefolgt war und in einer entspannten und gelassenen Weise die Verbindung zur Natur gesucht hatte, hatte ich die natürlichen Selbstheilungskräfte meines Körpers geweckt. Es war eine Spontanheilung.

Und doch war es nicht einfach eine zufällige Heilung. Es gab konkrete Gründe dafür, warum sie geschehen konnte. Ich erkannte später, wie wichtig es für eine Selbstheilung ist, dass man in seinem Leben tut, was man tun möchte, und sich regelmäßig in der freien Natur aufhält. Indem ich diese Reise unternahm und wir Dinge taten, die wir genießen konnten, verschaffte ich mir das, was mir in meinem Leben fehlte, so dass die natürlichen Heilungskräfte meines Körpers angeregt wurden. Natürlich sind noch viele andere Elemente für eine strahlende Gesundheit notwendig, aber für mich persönlich war das, was mein Körper für seine Selbstheilung brauchte, auf dieser Reise zu finden, und so konnte das Wunder geschehen.

Jeder Mensch hat sehr viele grundlegende Bedürfnisse. Wenn diese nicht befriedigt werden, wird man krank, die Beziehungen leiden, der berufliche Erfolg bleibt aus oder man erreicht seine Ziele nicht. Werden diese Bedürfnisse bewusst (oder auch unbewusst) befriedigt, dann kann eine spontane Heilung oder ein Wunder eintreten.

Ringt man erfolglos um die Lösung eines Problems, dann blickt man oft nur in die falsche Richtung. Wenn es in einem Raum dunkel ist, dann hat es keinen Sinn, gegen die Dunkelheit anzukämpfen oder eine spezielle Brille zu entwickeln, mit der man auch im Dunkeln sehen kann. Stattdessen muss man einfach das Licht einschalten, und die Dunkelheit verschwindet. Genauso geschehen Wunder.

Sorgt man für die Befriedigung seiner Bedürfnisse, dann tritt das, was man haben möchte, spontan ein, und das Problem verschwindet von selbst. Der Gärtner braucht nicht zu versuchen, aus einem Samen einen Baum zu machen. Das tut Mutter Natur, denn im Samenkorn ist schon der ganze Bauplan des Baums angelegt. Arbeitet der Gärtner in Harmonie mit der Natur, dann gibt er dem Keimling lediglich gute Erde, Wasser, frische Luft und Sonnenlicht. Dann wirkt die Natur ganz automatisch ihre Wunder, und aus dem winzigen Samenkorn wird ein großer Baum. Wunder des Alltags geschehen, wenn man so mit der Natur zusammenarbeitet, dass ein bestimmtes Ergebnis eintreten kann.

Was diese kleinen Wunder von den Ereignissen unterscheidet, die man üblicherweise als »Wunder« bezeichnet, ist nicht nur der praktische Nutzen, sondern auch die Art, wie sie zustande kommen. Traditionell gilt ein Wunder als etwas, das nur Menschen widerfährt, die Glück haben. Wer ein Wunder erlebt, der hält sich einfach für einen Glückspilz, und andere, bei denen kein Wunder eintritt, glauben, dass sie eben Pech haben. Oft glauben Letztere sogar, dass sie es irgendwie nicht wert seien, geheilt zu werden, oder dass sie so für ihre früheren Fehler bestraft werden.

Wunder werden wahr räumt mit diesem Mythos auf und öffnet den Weg zu einer Erkenntnis der Bedingungen, unter denen kleine Wunder geschehen können. Wunder sind nicht den Privilegierten vorbehalten, sondern sie geschehen, wenn man die Voraussetzungen dafür schafft. So wie das Samenkorn gedeiht, wenn ihm nur Mineralstoffe, Wasser, Luft und Sonnenlicht zur Verfügung stehen, so kann jeder Mensch, gleichgültig, wer er ist oder wie er bisher gelebt hat, die Voraussetzungen für Wunder schaffen.

2

Die neun Leitprinzipien

Die Geschichte kennt unzählige Versuche von Menschen, die Wahrheit zu entdecken und einen Blick auf das gesamte menschliche Potenzial zu erhaschen. Jetzt ist die Zeit reif dafür. Mit dem Anbruch des 21. Jahrhunderts hat die Menschheit einen riesigen Sprung getan. Es ist, als ob jemand einen Schleier gelüftet hätte und alles, was bisher schwierig war, ist plötzlich ganz leicht... Jeder hat jetzt die Fähigkeit, sehr rasch Veränderungen herbeizuführen. Um aber dieses neue Potenzial nutzen und ausbauen zu können, muss man zunächst einmal wissen, dass es überhaupt vorhanden ist. In diesem Buch wird gezeigt, wie man es entdecken und anwenden kann.

Der Weg zu unserem neuen Potenzial ist weder steinig noch beschwerlich. Dieses Potenzial ist einfach da. Unsere einzige Aufgabe besteht darin, uns von überholten Vorstellungen und Gewohnheiten aus der Vergangenheit zu befreien. Weil der Schleier gelüftet wurde und wir jetzt dieses innere Potenzial zur Verfügung haben, können wir uns von alten Überzeugungen und Gewohnheiten ganz einfach dadurch befreien, dass wir uns diese neuen Fähigkeiten bewusst machen.

Die folgenden neun Leitprinzipien können Ihnen bei diesem Prozess des Umdenkens helfen. Lassen Sie sich von ihnen leiten, um Ihrem Leben eine neue Richtung zu geben.

1. Glaube daran, dass Wunder möglich sind – und lasse in deinen Handlungen und Reaktionen dieses Bewusstsein zum Ausdruck kommen.

2. Lebe so, als ob du tun könntest, was du willst – und lasse in deinen Handlungen und Reaktionen diese neue Freiheit zum Ausdruck kommen.
3. Lerne, als ob du ein Anfänger wärst – und lasse in deinen Handlungen und Reaktionen diese Bescheidenheit zum Ausdruck kommen.
4. Liebe, als ob es das erste Mal wäre – und lasse in deinen Handlungen und Reaktionen diese nachsichtige Haltung deutlich werden.
5. Gib, als ob du schon hättest, was du brauchst – und lasse in deinen Handlungen und Reaktionen eine Haltung der Dankbarkeit und Großzügigkeit deutlich werden.
6. Arbeite, als ob Geld keine Rolle spielen würde – und richte deine Handlungen und Reaktionen immer nach deiner freien Entscheidung aus.
7. Entspanne dich, als ob alles in Ordnung wäre – und lasse in deinen Handlungen und Reaktionen diese vertrauensvolle Haltung zum Ausdruck kommen.
8. Sprich zu Gott, als ob du erhört werden würdest – und achte darauf, wie deine Handlungen und Reaktionen dadurch bereichert werden, dass du um Hilfe bittest.
9. Lasse es dir gut gehen, als ob du dir alles leisten könntest – und lasse in deinen Handlungen und Reaktionen eine Haltung des Überflusses zum Ausdruck kommen.

Neues Potenzial erkennen

Das Geheimnis der Erweckung des inneren Potenzials liegt darin, dass man im Leben so handelt und reagiert, als ob man dieses neue Potenzial schon hätte. Wenn Sie darauf warten, dass jemand Ihnen das beweist oder Ihnen die Arbeit abnimmt, dann verzichten Sie damit darauf, Ihr inneres Potenzial selbst zu nutzen. Das innere Potenzial zu suchen, bedeutet ganz buchstäblich einen Glaubenssprung. Dieser Sprung beinhaltet aber kein großes Risiko. Wenn Sie den neun Leitprinzipien folgen und die Techniken anwenden, die kleine Wunder Wirklichkeit werden lassen, dann schaffen Sie sich dadurch den Freiraum für neue Erfahrungen, die wiederum Ihr Vertrauen stärken, dass solche Erfahrungen möglich sind. Zunächst einmal aber müssen Sie sich Ihrer überholten Überzeugungen und Denkgewohnheiten bewusst werden und sie nach und nach über Bord werfen. Solange Sie Ihre beschränkten Überzeugungen nicht erkennen, haben Sie vielleicht gar nicht das Interesse, weiterzulesen und die einfachen Techniken zur Erzeugung von kleinen Wundern anzuwenden.

Bei der Lektüre der neun Leitprinzipien und Denkgewohnheiten haben Sie vielleicht schon viele Ihrer alten Überzeugungen und Denkgewohnheiten erkannt, die Sie daran hindern, Ihr neues Potenzial zu entdecken. Die bloße Tatsache, dass Sie diese Überzeugungen erkennen können, schafft ein neues Bewusstsein, durch das Sie sich von ihnen befreien können. Lesen Sie nun die folgende Auflistung von einschränkenden und hemmenden Überzeugungen. Sie waren vielleicht früher einmal zutreffend, aber heute sind sie es nicht mehr.

Leitprinzipien	*Einschränkende Überzeugungen*
1. Glaube daran, dass Wunder möglich sind.	Wunder geschehen nur bei anderen, nicht bei mir, und Wunder geschehen auch nur hin und wieder, nicht jeden Tag. Ich kann mich nicht ändern.
2. Lebe so, als ob du tun könntest, was du willst.	Aber ich bin nicht frei; ich muss mich an dem orientieren, was andere für gut halten, weil ich sonst ausgelacht oder abgelehnt werde. Es gibt nur eine richtige Verhaltensnorm, und wenn ich es zu etwas bringen will, dann muss ich mich daran halten. Ich muss mein wahres Selbst verbergen.

Leitprinzipien	Einschränkende Überzeugungen
3. Lerne, als ob du ein Anfänger wärst.	Ich kann nicht so lernen, als ob ich ein Anfänger wäre. Ich bin ein erwachsener Mensch, und wenn ich ernst genommen werden will, muss ich so tun, als ob ich auf alles eine Antwort wüsste. Ich brauche keine Hilfe.
4. Liebe, als ob es das erste Mal wäre.	Ich kann nicht lieben, als ob vorher nichts gewesen wäre. Ich habe Verletzungen erlebt, und um mich vor neuen Verletzungen zu schützen, muss ich vorsichtig sein, bis jemand wieder meine Liebe und mein Vertrauen verdient hat. Ich habe kein Vertrauen zu anderen Menschen.
5. Gib, als ob du schon hättest, was du brauchst.	Ich kann meinem Partner nicht noch mehr geben, solange ich nicht zurückbekommen habe, was ich verdiene. Solange andere mir nicht mehr geben, habe ich selbst nichts mehr zu geben. Ich habe keine Liebe und keine Energie mehr.
6. Arbeite, als ob Geld keine Rolle spielen würde.	Ich kann nicht einfach so arbeiten, als ob Geld keine Rolle spielen würde. Ich muss arbeiten, um meine Rechnungen bezahlen zu können. Mit meinem Traumjob würde ich nicht genug Geld verdienen. Ich kann nicht tun, was ich am liebsten tun würde.

Leitprinzipien	Einschränkende Überzeugungen
7. Entspanne dich, als ob alles in Ordnung wäre.	Ich kann mich nicht entspannen. Ich habe echte Probleme, die nicht einfach deshalb verschwinden, weil ich sie ignoriere. Es gibt konkrete Gründe, warum ich nachts nicht schlafen kann und warum ich mich tagsüber gestresst fühle. Ich kann daran einfach nichts ändern.
8. Sprich zu Gott, als ob du erhört werden würdest.	Beten ist etwas für Kinder. Ich habe auch schon gebetet, und nichts ist geschehen. Im Mittelalter haben die Menschen gebetet, und die Pest hat sie trotzdem umgebracht. Es gibt niemanden da oben, der zuhören würde. Wenn ich im Leben Erfolg haben will, dann liegt es an mir allein. Man bekommt nichts geschenkt.
9. Lasse es dir gut gehen, als ob du dir alles leisten könntest.	Ich kann nicht einfach essen, was ich will. Ich bin schon zu dick, und was mir schmeckt, macht mich krank. Ich muss Opfer bringen und Diät leben, wenn ich gesund aussehen und gesund sein will. Ich muss beim Essen immer verzichten.

Lesen Sie die Liste der neun Leitprinzipien in Ruhe durch und prüfen Sie, welche von diesen Überzeugungen Sie bei sich selbst entdecken. Schreiben Sie jedes Prinzip oben auf ein Blatt Papier und halten Sie darunter alle Ihre Zweifel und Fragen fest, die Sie bezüglich dieses Leitprinzips haben. In den folgenden Kapiteln werden Sie erfahren, warum diese Einwände unsinnig sind, und wie Sie sich von solchen Beschränkungen befreien können. Kehren Sie immer wieder zu Ihren Einwänden zurück und prüfen Sie sie anhand Ihrer neuen Erkenntnisse und Erfahrungen.

Machen Sie sich bewusst, dass Ihre beschränkenden Überzeugungen in vielen Fällen in der Vergangenheit richtig und zutreffend waren, aber dass sie es heute nicht mehr sind. Ihr Potenzial hat sich verändert, und Sie haben jetzt ganz andere Möglichkeiten. Babys können nicht schon bei der Geburt gehen; wenn es aber an der Zeit ist, dann beginnen sie zu krabbeln, und eines Tages kommt der große Durchbruch: Plötzlich stehen sie auf und beginnen zu laufen. Wenn die Zeit gekommen ist, ist es ganz einfach.

Weil Kinder Liebe brauchen, um überleben zu können, ist es für sie oft eine kluge Bewältigungsstrategie, sich dem Willen der Eltern unterzuordnen, weil sie auf ihre Liebe angewiesen sind. Erwachsene sind dagegen nicht mehr von der Unterstützung ihrer Eltern abhängig und brauchen sich daher auch nicht mehr ihrem Willen zu fügen. Sie haben die Freiheit, sie selbst zu sein.

Unser neues Potenzial tritt auf ganz ähnliche Weise zu Tage. Früher brauchten wir andere, um wissen zu können, was Wahrheit ist. Wir mussten uns anpassen und uns nach der Meinung anderer richten; heute dagegen gleichen wir jungen Erwachsenen, die selbst erkennen, was richtig ist. Sobald man die Wahrheit nicht mehr aus zweiter Hand von anderen bekommt, befreit man sich zwangsläufig von beschränkenden Überzeugungen.

Der erste Schritt besteht also darin, dass wir uns überholter Überzeugungen bewusst werden und ihre Gültigkeit in Frage stellen. Damit verschaffen wir uns einen freien Blick auf neue Tatsachen, die neue Überzeugungen rechtfertigen. Eine solche Öffnung schafft letztlich die Voraussetzungen dafür, dass kleine Wunder eintreten können.

Bei der Anwendung der verschiedenen Techniken und der neun Leitprinzipien sollten Sie am besten eine ausgesprochen nüchterne und wissenschaftliche Haltung einnehmen. Lassen Sie ruhig alle Fragen und Zweifel zu, aber verhalten Sie sich dabei immer so, als ob Sie dieses neue Potenzial schon hätten. So sammeln Sie konkrete eigene Erfahrungen und brauchen nicht etwas zu glauben, was Ihnen andere sagen. Beweisen Sie sich selbst, dass Sie dieses neue Potenzial haben.

Lassen Sie sich von den Erkenntnissen und Übungen in diesem Buch dabei helfen, sich von den alten Überzeugungen zu befreien, die Ihnen zuerst von Ihren Eltern und der Gesellschaft vermittelt wurden und die Sie dann anhand Ihrer eigenen Lebenserfahrung bestätigt haben. Um Ihre Überzeugungen auf einen neueren Stand zu bringen, sollten Sie sich die Gelegenheit verschaffen, neue Erfahrungen zu machen. Gehen Sie das Wagnis ein, Herz und Verstand zu öffnen und etwas Neues auszuprobieren! So werden Sie am wirksamsten neue Auffassungen darüber entwickeln und festigen, wer Sie selbst sind und was Sie im Leben erreichen können.

Den Himmel auf Erden schaffen

Heute sind wir so weit, dass wir uns den Himmel auf Erden schaffen können. Was uns hemmt, ist nur die Erinnerung an Zeiten, als wir mehr wollten und es nicht bekamen. Ist man früher einmal mit seinem Entschluss gescheitert, etwas zu ändern, dann fällt es schwer, sich zu einem neuen Versuch aufzuraffen. Durch wiederholte Enttäuschungen im Leben, durch das eigene Scheitern und durch Misserfolge anderer Menschen resigniert man irgendwann und findet sich mit der Überzeugung ab, dass es im Leben bestimmte Beschränkungen gibt. Aber eine solche Haltung war vielleicht in der Vergangenheit angemessen – heute ist sie es nicht mehr. Um die Vergangenheit loslassen zu können, müssen wir den bewussten Entschluss fassen, künftig aus der Einsicht zu handeln, dass unsere bisherigen Überzeugungen überholt sind und heute keine Bedeutung mehr haben.

Das klingt so, als ob Sie sich etwas vormachen sollten. Aber wenn Sie sich von alten Überzeugungen lösen wollen, müssen Sie tatsächlich zunächst einmal annehmen, dass etwas anderes richtig sein könnte, und dann prüfen, ob diese Annahme tragfähig ist. Natürlich riskieren Sie dabei ein erneutes Scheitern – aber es besteht auch die Chance auf einen großen Erfolg. Geben Sie sich einen Stoß! Die Anwendung der hier vorgestellten Übungstechniken für die neun Leitprinzipien bietet die sichere Gewähr für einen Erfolg.

Ein Kind ist vielleicht schon so weit entwickelt, dass es laufen könnte, aber wenn es niemals andere sieht, die schon laufen, dauert es viel länger, bis es seine neue Fähigkeit erkennt. Ohne eine Vorstellung davon, was Laufen eigentlich ist, ist es viel schwieriger zu erlernen. Die neun Techniken für kleine Wunder weisen den Weg, wie man aufsteht und sein inneres Potenzial verwirklicht. Wenn man einmal weiß, wie man es anstellen muss, dann braucht man auch die Techniken nicht mehr und kann seine individuelle Vorgehensweise entwickeln.

Die neuen Möglichkeiten, über die wir heute verfügen, um unsere Träume Wirklichkeit werden zu lassen, sind wirklich wunderbar. Diese plötzliche und tief greifende Veränderung unseres Potenzials ist ebenso radikal wie der Übergang von kochendem Wasser in Dampf oder von der Nacht zum Tag. Am Montag war man noch arm – und am Dienstag bekommt man unerwartet einen Brief mit einem Scheck über eine Million. Die einzige Voraussetzung ist, dass man seine Post liest. Wenn man den Brief nicht aufmacht, den Scheck nicht einlöst, dann bleibt man arm. Um sein neues Potenzial nutzen zu können, muss man aktiv eine neue Haltung gegenüber dem Leben einnehmen.

———◁◦▷———

Wir haben jetzt die Möglichkeit,
unser Leben so zu gestalten, wie wir es uns schon
immer vorgestellt haben.

———◁◦▷———

All unsere gegenwärtigen Einstellungen beruhen auf unserem alten Potenzial. Um das neue Potenzial zu verwirklichen, müssen wir uns vor Augen halten, dass wir von unseren alten Denkgewohnheiten praktisch nur gehemmt werden. In der Vergangenheit haben sie vielleicht gute Dienste getan, aber jetzt verwehren sie uns den Zugang zu unserem neuen Potenzial. Zum Glück lässt sich das ganz einfach ändern. Wir brauchen uns lediglich bewusst zu machen, welche Möglichkeiten wir jetzt haben und wie einfach sie zugänglich sind – und schon werden sie Wirklichkeit. Ein Beispiel dafür ist die jüngere Generation, die im Internet-Zeitalter heranwächst und weniger von alten Denkgewohnheiten belastet ist: Es ist nicht erstaunlich, dass sie viel geschickter im Geldverdienen ist als die ältere. Es ist an der Zeit, dass wir aufhören zu krabbeln und aufrecht stehen und gehen. Es ist an der Zeit, die alten Denkweisen aufzugeben. Diese alten Denkweisen beruhen hauptsächlich auf alten Erfahrungen. Indem wir neue Erfahrungen machen, können wir anfangen, diese beschränkenden Überzeugungen zu ändern. Wenn wir uns die neun Leitprinzipien einprägen und einfach versuchsweise annehmen, dass sie richtig sind, werden wir überrascht feststellen, dass sie tatsächlich richtig sind. Wenn diese Veränderung geschieht, entdecken wir auch unsere Fähigkeit, kleine Wunder zu wirken. Weil jetzt der richtige Zeitpunkt gekommen ist, ist der Erfolg möglich, gleichgültig, wie alt Sie sind. Sammeln Sie Erfolge, machen Sie Ihre Liebe wieder jung und sichern Sie sich Vitalität und Gesundheit!

Neun Schritte zu Wundern im Alltag

Die Anwendung der neun Leitprinzipien ermöglicht Ihnen Veränderungen im persönlichen Leben, die Sie bisher für unmöglich gehalten haben. Vielleicht wenden Sie ja sogar schon einige der Leitprinzipien an, und es fehlt Ihnen nur noch ein wichtiges Element. Aber solange Sie dieses nicht gefunden haben, bleibt Ihre innere Fähigkeit zu kleinen Wundern blockiert. Eine geringfügige Änderung hebt diese Blockierung auf, und mit einem Mal gelingt Ihnen der Durchbruch, der Ihnen bisher verwehrt blieb.

Natürlich macht jeder Mensch unterschiedliche Erfahrungen mit kleinen Wundern im eigenen Leben. Die folgenden Beispiele sind Erfahrungen aus meinem eigenen Leben und von Teilnehmern meiner Workshops.

1. Glaube daran, dass Wunder möglich sind.

Die Anwendung dieses Leitprinzips verschafft neue Hoffnung. Hoffnung motiviert zu neuen Entscheidungen. Dann stellt man wie durch ein Wunder fest, dass man doch etwas erreichen kann. Man hat das Vertrauen, Dinge anzupacken, die man jahrelang hinausgeschoben hat. Man zaudert nicht mehr, wenn man daran glaubt, dass das Wunder der Veränderung wirklich eintreten kann.

2. Lebe so, als ob du tun könntest, was du willst.

Mit diesem Prinzip und der Anwendung von Selbstheilungstechniken in einer Gruppe oder unter der Anleitung eines Heilers können innerhalb von zehn Minuten chronische Schmerzen und andere Gesundheitsprobleme wie durch ein Wunder verschwinden. Nach einer Wunderheilung, sei sie physischer oder emotionaler Art, weicht plötzlich alle Schwere aus dem Leben. Man genießt die neue Freiheit, alles verwirklichen zu können, wozu man sich imstande fühlt. Diese Erfahrung verleiht den Schwung, um wirklich so unbeschwert zu leben, als ob man von niemandem zurückgehalten werden könnte.

Wunderheilungen sind nichts Neues, sie haben sich in der Geschichte immer ereignet. Sie sind seit tausenden Jahren in allen Kulturen dokumentiert. In den letzten hundert Jahren haben strengste wissenschaftliche Untersuchungen ergeben, dass unerklärliche spontane Heilungen von verschiedenen unheilbaren Krankheiten eine Tatsache sind. Und es geschehen auch heute noch Wunder. Kein ernsthafter medizinischer Forscher würde dies bestreiten. Der einzige Grund, warum manche Wissenschaftler, Forscher und Ärzte von Wunderheilungen nichts wissen wollen, besteht darin, dass sie diese weder wiederholen noch erklären können.

In meinen Workshops und bei meiner Arbeit mit Heilern in der ganzen Welt wurde ich persönlich Zeuge, wie alle nur erdenklichen Krankheiten, von so schweren Fällen wie Krebs im Endstadium, multipler Sklerose und Schlaganfall bis zu weniger schweren Erkrankungen wie chronischen Rückenschmerzen, Kopfschmerzen und Heuschnupfen innerhalb weniger Monate geheilt wurden. In der ganzen Menschheitsgeschichte hat es solche wunderbaren Heilungen gegeben; was heute anders ist, ist die Tatsache, dass sie jeder mit ein wenig Unterstützung und Anleitung herbeiführen kann.

3. Lerne, als ob du ein Anfänger wärst.

Diese wunderbaren Heilungen werden durch einige wichtige Anpassungen der Ernährung unterstützt. Für diese Veränderungen muss man sich geistig öffnen und bereit sein, Ernährungsvorschläge zu erproben. Die Anwendung dieses dritten Leitprinzips motiviert dazu, etwas Neues zu lernen, es auszuprobieren und selbst herauszufinden, womit man den besten Erfolg hat.

Ohne Ernährungsumstellung ist eine Heilung möglicherweise nicht von Dauer. Die Symptome verschwinden vielleicht bei einer Heilungssitzung, aber innerhalb weniger Tage kehren sie wieder zurück. Wenn man sich weiterhin mit ungesunden Nahrungsmitteln belastet, ist die Heilung so schnell wieder vorüber, wie sie eintrat. Einige wenige Hinweise zu gesundem Essen und Trinken und zur Durchführung von Selbstheilungstechniken ließen meine Klienten und Workshopteilnehmer wie von selbst zu gesünderem Essen greifen. Wenn die Heilung eingetreten ist, schmeckt gesundes Essen von selbst besser. Deshalb fällt es auch überhaupt nicht schwer, die Empfehlungen anzunehmen, weil man durch den raschen Erfolg überzeugt wurde. Wer es ausprobiert, fühlt sich sofort besser.

Natürlich macht die Selbstheilungsfähigkeit Medikamente in keiner Weise überflüssig. Moderne Medizin, alte Heilweisen, Alternativmedizin und die hier vorgestellten neuen Selbstheilungstechniken können kombiniert noch viel wunderbarere Heilungen herbeiführen als die Beschränkung auf eine einzelne Methode.

Wenn man einmal eine spontane Selbstheilung erlebt hat, dann weiß man, wie wenig man bisher von seinem inneren Heilungspotenzial wusste, und man wird begeistert erkennen, welche neuen Möglichkeiten sich jetzt bieten. Eine ganze neue Welt tut sich auf, wenn man bereit ist, so zu lernen, als ob man ein Anfänger wäre.

4. Liebe, als ob es das erste Mal wäre.
In Beziehungen stellen Paare, die dieses Leitprinzip anwenden, immer wieder überrascht fest, dass sie plötzlich wieder in ihren Partner verliebt sind. Sie können einem früheren Partner verzeihen und ihren Groll ihm gegenüber begraben. Der alte Ärger weicht einer gelassenen Haltung, weil man gelernt hat, zu verzeihen. Die meisten Menschen möchten gerne verzeihen, aber es gelingt ihnen nicht. Im Rahmen meiner Tätigkeit als Beziehungstherapeut, bei der ich die in *Männer sind anders. Frauen auch* vertretenen Lehren anwandte, entdeckte ich erstmals, wie sehr sich unser neues Zeitalter

verändert hat. Paare konnten bei einem eintägigen Workshop ihr Herz öffnen und die Liebe neu entzünden, die sie für erloschen gehalten hatten. Viele Ehen wurden gerettet. Und selbst dann, wenn Beziehungen nicht mehr zu retten waren, gelang es Paaren, sich mit mehr Liebe und Nachsicht zu trennen.

Bleibende Liebe bedeutet nicht, dass man immer mit demselben Menschen verheiratet sein muss; es bedeutet vielmehr, dass man den Betreffenden immer lieben wird und ihm nichts nachträgt. Oft machen sich Menschen überflüssige Vorwürfe, wenn eine Beziehung scheitert und sie sich scheiden lassen, während andere die Erfahrung machen, dass ihr Leben durch eine Scheidung viel schöner geworden ist. Weil sie verzeihen können, können sie wieder uneingeschränkt lieben, so, als ob sie niemals verletzt worden wären.

Tausende von Paaren, die kurz vor der Scheidung standen, haben ihre Liebe auf Dauer stabilisiert, indem sie Nachsicht und erfolgreiche Kommunikation lernten. Wenn man das Gefühl hat, von der Liebe enttäuscht worden zu sein, dann hindert einen dieses Selbstmitleid daran, sein Herz zu öffnen und wieder Vertrauen in die Liebe zu haben. Zum Glück lassen sich solche alten Schmerzen heilen, und man kann wieder Liebe und Vertrauen haben wie am ersten Tag.

5. Gib, als ob du schon hättest, was du brauchst.

Viele Menschen, die ihre Kraft zu Veränderungen entdeckt haben, konnten mit dem Rauchen oder anderen gesundheitsschädlichen Gewohnheiten aufhören. Sie hatten es früher vielleicht schon oft vergeblich versucht. Jetzt gelingt es ihnen plötzlich, weil sie wissen, wie sie sich von Suchtverhalten befreien können. Das fünfte Leitprinzip gibt ihnen Techniken an die Hand, mit deren Hilfe es ganz einfach ist, ein solches Verhalten abzulegen.

Hat man einmal begriffen, was Wunder eintreten lässt, dann entdeckt man auch, dass man die Möglichkeit zu Veränderungen hat und künftig ohne Probleme und Leiden leben kann. Man braucht nichts weiter als die Einsicht in sein neues Potenzial und einige neue Techniken, mit denen man seine innere Kraft wecken und einsetzen kann.

Alles Suchtverhalten rührt letztlich daher, dass man allzu sehr von einem anderen Menschen oder einer bestimmten Sache abhängig ist. Entdeckt man aber in seinem eigenen Inneren die Fähigkeit, sich zu beschaffen, was man braucht, dann fühlt man sich viel weniger auf andere angewiesen. Dies schafft die Voraussetzung für eine Befreiung von Suchtverhalten.

Gibt man mehr und übernimmt man zugleich die Verantwortung für seine Blockierungen, dann macht man plötzlich die Erfahrung, dass man letztlich durch Geben empfängt. Für viele Menschen ist dies im Grunde nichts Neues, aber es bleibt für sie eine abstrakte Vorstellung. Man kann eben die Erfahrung, dass man mehr bekommt, indem man gibt, erst dann machen, wenn man schon von anderen unabhängig ist.

Ist man für sein Wohlbefinden auf seinen Partner angewiesen, dann hofft man immer, etwas zurückzubekommen, sobald man etwas gibt. Aber Paare, die nur deshalb beisammen sind, weil sie vom anderen etwas erwarten, erleben immer eine Enttäuschung. Wenn sie etwas geben, ist dies für sie nicht an sich schon eine befriedigende Erfahrung. Ihr Wohlbefinden stellt sich erst ein, wenn sie dafür etwas zurückbekommen. Menschen, die sehr von einem anderen abhängig sind, empfinden vielleicht sogar zu Beginn einer Beziehung so etwas wie Erfüllung, wenn sie etwas geben, weil sie den Partner noch nicht kennen und immer davon ausgehen, dass ihnen alles vergolten wird. Sie erwarten in naiver Weise Vollkommenheit, aber die gibt es nicht. Statt sich durch Geben beflügelt zu fühlen, sind sie am Ende nur müde, ausgelaugt und erschöpft. Empfindungen des Grolls gegenüber dem Partner sind immer ein Zeichen, dass man gegeben hat, um etwas zurückzubekommen, statt aus einer Empfindung des inneren Reichtums ohne Erwartungen oder Forderungen zu geben.

Das ist auch die Erklärung für die oft bestätigte Erfahrung, dass man erst dann wirklich lieben kann, wenn man sich selbst liebt. Statt sich für das eigene Wohlbefinden auf seinen Partner zu verlassen, sollte man ihn einfach als köstliches »Extra« betrachten. Man selbst und nicht der Partner ist für die »Grundversorgung« verantwortlich. Liebt man zunächst einmal sich selbst und sorgt man dafür, dass man selbst ein erfüllendes Leben hat, dann ist die zusätzliche Liebe, die man von seinem Partner bekommt, ein willkommenes »Extra«, auf die man nicht so unbedingt angewiesen ist. Wer persönliche Unabhängigkeit erreicht hat, kann ohne Hintergedanken geben, ohne eine Belohnung zu erwarten, und einfach die Erfüllung genießen, die im Geben liegt. Dann ist man fähig zu geben, als ob man schon alles hätte, was man braucht.

Frauen glauben oft, dass sie geben, ohne etwas dafür zu erwarten, aber wenn sie sich einige Jahre in einer Beziehung vernachlässigt fühlen, dann denken sie doch: »Ich habe so viel gegeben und nichts dafür zurückbekommen.« Ihr Fehler liegt dabei keineswegs darin, dass sie ihrem Partner etwas gegeben haben, sondern darin, dass sie sich nicht genug Zeit für sich selbst genommen haben, als dass sie ihrem Partner wirklich ohne Erwartungshaltung etwas hätten geben können.

Es ist ganz erstaunlich, wie viel bereitwillige Männer etwas geben, wenn sie sich in einer Beziehung nicht mit einer Erwartungshaltung konfrontiert sehen. Es ist natürlich fast unmöglich, in einer offenen, liebevollen Weise um Unterstützung zu bitten, wenn man nicht bekommt, was man braucht. Aber das Geheimnis, wie man mehr von seinem Partner bekommt, liegt einfach darin, dass man sich zunächst selbst dasjenige gönnt, was man braucht, so dass man nicht dauernd Ansprüche an den Partner zu stellen braucht.

6. Arbeite, als ob Geld keine Rolle spielen würde.
Das größte Wunder besteht darin, dass ich immer wieder feststelle, wie schnell sich bei Menschen etwas ändern kann. Es ist zwar nicht so, dass bei ihnen plötzlich alles anders wird, aber zumindest ein wesentlicher Aspekt ändert sich. So könnte eine Frau zum Beispiel unter Übergewicht leiden, zu wenig Energie haben, in einer unbefriedigenden Beziehung stehen und an ihrem Arbeitsplatz unglücklich sein. Diese Dinge werden sich nicht alle gleichzeitig bessern.

Manche verlieren aber plötzlich ihr Übergewicht, andere können sich selbst und ihren Partner wieder mehr lieben, und irgendwann nehmen sie auch noch ab oder finden eine bessere Stelle. Manchmal ist es erforderlich, zunächst seine Einstellung zu ändern, bevor man eine Veränderung in seinem Leben herbeiführen kann. Wenn zum Beispiel eine physische Heilung nicht eintreten will, geschieht dies manchmal erst dann, wenn man seine Haltung zu seiner beruflichen Tätigkeit ändert. Die Anwendung dieses sechsten Leitprinzips bewirkt bei vielen Menschen, dass sie plötzlich ihre Fähigkeit entdecken, kleine Wunder zu bewirken. Das Wunder liegt vor allem darin, dass in unserem Zeitalter die Blockierungen gegenüber natürlichen Veränderungen und einer natürlichen Heilung sehr leicht aufgehoben werden können. Der Samen der Großartigkeit in unserem Herzen kann sich jetzt in seinem eigenen Rhythmus zu einem prächtigen Baum entwickeln.

Oft ist es auch so, dass erst ein emotionales Problem beseitigt werden muss, bevor eine körperliche Krankheit abklingt. Oder eine körperliche Krankheit wird auf wunderbare Weise geheilt, und dann kommen die verborgenen emotionalen Probleme zum Vorschein, die diese Erkrankung ausgelöst haben. Oder jemand ändert seine Lebensverhältnisse oder seine Gewohnheiten, und dann kommen die emotionalen Probleme an die Oberfläche, so dass sie geheilt werden können. Oder es werden umgekehrt zuerst die emotionalen

Probleme geheilt und beseitigt, und dann wird deutlich, welche Veränderungen der Lebensverhältnisse notwendig sind.

Besonders häufig ist der Fall, dass einer Heilung des Körpers erst eine emotionale Veränderung vorausgehen muss. Dies erklärt, warum bei manchen Menschen eine physische Heilung spektakulärer verläuft als bei anderen: Sie sind emotional verletzlicher und daher offener für Hilfe und Heilung. Ebenso gilt, dass mehr Erfolg im Leben erst dann möglich wird, wenn man zuerst einige Verhaltensänderungen vorgenommen hat.

Wenn man jeden Tag zur Arbeit geht, weil man Geld braucht, und nicht deshalb, weil die Arbeit Spaß macht, dann verliert man die Verbindung zu seiner inneren Kraft. Folgt man seinem Herzen nicht und sucht man sich eine Arbeit, die man nicht gerne tut, dann muss man sich nicht über Lustlosigkeit und Krankheit wundern. Umgekehrt bringt eine Arbeit, die man gerne tut, vielleicht nicht auf Anhieb Geld, aber jedenfalls Wohlbefinden, und dann ist man am ehesten in der Lage, die äußeren Umstände zu ändern.

Das erklärt auch, warum reiche Menschen manchmal immer noch reicher werden. Sie arbeiten nicht deshalb, weil sie Geld brauchen, sondern um andere Menschen glücklich zu machen und dadurch selbst Befriedigung zu erlangen. Wenn reiche Menschen krank werden oder ihren Reichtum verlieren, dann oft deshalb, weil sie aufgehört haben zu arbeiten. Weil sie nicht mehr arbeiten müssen, verlieren sie ihre Motivation, etwas zu tun. Das führt dazu, dass sie träge, einfallslos, unglücklich und krank oder von Arzneimitteln und Drogen abhängig werden.

Viele Menschen arbeiten um des Geldes willen, damit sie eines Tages in Rente gehen und sich zur Ruhe setzen können. Wenn man aber nur um des Geldes willen arbeitet, dann hört man sofort damit auf, wenn man genug verdient hat oder in Rente geht. Vor allem bei Männern ist das oft zu beobachten. Sie hören auf, weil sie nicht mehr arbeiten müssen, und dann werden sie sehr schnell krank und sterben. Versicherungsgesellschaften wissen, dass sehr viele Männer im dritten Jahr ihres Ruhestands sterben. Viel Geld und Muße zu haben ist großartig – solange man auch motiviert ist, sich in einer sinnvollen Weise für andere Menschen zu engagieren.

Statt für das eigene Wohlbefinden die Umstände ändern zu wollen, muss man zuerst seine eigene Haltung ändern, damit Wunder eintreten können. Braucht man eine Stelle, damit man seine Rechnungen bezahlen kann, dann besteht der erste Schritt darin, in sich die Fähigkeit zu entdecken und zu erwecken, mit den Verhältnissen glücklich zu sein, wie sie eben sind. Sobald man die Gelegenheiten richtig zu schätzen weiß, die sich einem bieten, eröffnen sich in wunderbarer Weise immer neue Gelegenheiten zu mehr Selbstverwirklichung und Erfolg.

Arbeitet man so, als ob Geld zweitrangig wäre, dann fällt man Entscheidungen auf der Grundlage seines eigenen Wertesystems. Man ist frei, man selbst zu sein und zu tun, was einem Gewissen und Pflichtgefühl sagen. Aus einer solchen Haltung heraus kann man so arbeiten, als ob Geld wirklich nicht wichtig wäre (obwohl man es natürlich braucht, um seine Rechnungen bezahlen zu können). Mit dieser veränderten Einstellung muss man zwar immer noch Geld mit seiner Arbeit verdienen, aber man arbeitet trotzdem vor allen Dingen deshalb, um im Dienst an der Welt etwas Sinnvolles zu tun.

7. Entspanne dich, als ob alles in Ordnung wäre.

Meine Workshop-Teilnehmer haben mir oft gesagt, dass das Leben für sie müheloser geworden sei, dass starke Stimmungsschwankungen aufgehört hätten und dass sie leichter mit ihren Höhen und Tiefen zurechtkämen. Wenn man lernt, seinen Körper von alten Giftstoffen zu befreien, dann tritt an die Stelle gesundheitsschädlicher Süchte ein Verlangen nach gesunder Ernährung. Beginnt man, sein wunderbares inneres

Potenzial wahrzunehmen, dann klingen Ängste und Sorgen immer mehr ab und verschwinden schließlich ganz.

Nach einer solchen erstaunlichen Transformation erzeugen Umstände, die einen früher in Angst und Schrecken versetzt hätten, jetzt eine Empfindung der Gelassenheit und der Begeisterung. Man fühlt wieder (oder vielleicht zum ersten Mal) die Unschuld des zuversichtlichen jungen Erwachsenen, der sich aufmacht, sein Elternhaus zu verlassen und sich den Herausforderungen eines neuen und aufregenden Lebens zu stellen.

Wer in seinem wahren Selbst ruht, kann sich in seinem Leben auch in der größten Unruhe, Hilflosigkeit und Unsicherheit entspannen, weil er weiß, dass sich letztlich alles zum Besten wenden wird. Natürlich erleben wir Tragödien, und natürlich machen wir Fehler, aber wenn wir unsere Wunden heilen und uns unseren Herausforderungen mit einem offenen Herzen stellen, entdecken wir, dass jede Erfahrung auch eine große Wachstumschance darstellt. So lernt man immer besser, so wachsam zu sein, als ob man in Gefahr wäre, aber zugleich so entspannt, als ob alles in Ordnung wäre. Begegnet man Krisen aus einer Haltung der inneren Gelassenheit, dann findet man viel leichter Lösungen als aus einer Haltung der Furcht und Besorgnis.

8. Sprich zu Gott, als ob du erhört werden würdest.
Die meisten Teilnehmer an meinen Workshops über kleine Wunder haben buchstäblich innerhalb weniger Stunden eine konkrete Erfahrung, dass Gott (oder wie auch immer sie die spirituelle Macht bezeichneten, die sie leitet) auf ihre Bitten reagiert. Selbst diejenigen, denen das Wort »Gott« Unbehagen bereitet, erfahren die unglaubliche natürliche Energie, die uns stets umgibt. Diese Energie ist es, die eine Wunde heilt oder uns großartige Dinge tun lässt. Ich persönlich nenne diese vernunftbegabte und für uns ansprechende Energie »Gott«, aber jeder kann dafür irgendeine andere Bezeichnung wählen, die ihm passend erscheint.

Der ganze Streit um richtige und falsche Auffassungen und um den Begriff »Gott« wird plötzlich irrelevant, sobald man eine unmittelbare Erfahrung macht. Wenn Schmerzen, die man neun Jahre lang hatte, plötzlich verschwinden, dann wird man mit einem Mal zum Gläubigen, und zwar nicht deshalb, weil einem jemand sagt, was richtig ist, sondern weil man eine unmittelbare Erfahrung gemacht hat.

Mit der einfachen Technik des »Energieaufbaus« erfahren die Teilnehmer meiner Workshops diese natürliche Heilenergie ganz unmittelbar. Sie brauchen dafür nur ein Verfahren durchzuführen, bei dem sie um Hilfe bitten. Innerhalb von Minuten strömt dann eine wohltuende Energie über ihre Fingerspitzen in ihren Körper. Wenn sie diese Energie einmal wahrgenommen haben, können sie sie einsetzen, um Stress, Kummer, Widerstände und Schmerzen in ihrem Körper und in ihrer Seele abzubauen. Wer gelernt hat, diese Energie wahrzunehmen, findet ganz von selbst wieder Verbindung zu seinem wahren inneren Potenzial. Glück und Geld kommen immer zu denen, die auf die Eingebungen ihres Herzens hören und ihrem Antrieb zur Veränderung gehorchen. Unzählige Menschen haben in meinen Seminaren erfahren, dass sie um so mehr Erfolg haben und ihre Träume um so schneller Wirklichkeit werden, je mehr Vertrauen und Motivation sie entwickeln.

Der Grund dafür, warum gutes und liebevolles Handeln Glück bringen kann, liegt darin, dass man dann ein offenes Herz hat. Menschen, die sich immer bemühen, Gutes zu tun, haben oft leichteren Zugang zu dieser Fähigkeit, kleine Wunder zu wirken. Manchmal aber fällt es auch gerade diesen Menschen schwerer. Sie haben in ihrem Leben immer so sehr versucht, liebevoll zu sein, dass sie dabei die Verbindung zu ihren gelegentlich auch vorhandenen negativen Gefühlen verloren haben. Wer aber negative Gefühle unterdrückt, schwächt ganz allgemein seine Empfindungsfähigkeit.

Ohne ein einfühlsames Herz kann man die Heilenergie

nicht erfahren und nutzbringend einsetzen. Zum Glück gibt es jedoch einige ganz einfache Techniken, wie man wieder seine volle Empfindungsfähigkeit wecken kann, gleichgültig, welche Fehler man bisher gemacht hat. Diese Fähigkeit ist das Geburtsrecht eines jeden Menschen und steht jedem ohne weiteres zur Verfügung, wenn man nur weiß, in welcher Richtung man sich umsehen muss.

Glücklich zu sein liegt in der Natur des Lebens. Wenn man allerdings ständig die Stimme seines Herzens ignoriert, verpasst man all das Gute, das das Leben für einen bereit hält. Sobald man Herz und Verstand wieder öffnet, kehrt die Fähigkeit zurück, das Leben nicht mehr als Kampf zu betrachten und die unvermeidlichen Dramen und Krisen in Chancen zu verwandeln, etwas Neues zu lernen und stärker zu werden.

Hat man einmal den Entschluss gefasst, die eigenen Träume zu verwirklichen, dann führt dies zu einem enormen Kreativitätsschub. Diese unglaubliche Kraft lässt einen erkennen, dass man letztlich nicht selbst etwas tut, sondern dass etwas durch einen geschieht. Dies ist der Punkt, an dem Gott und Gottes wunderbare Schöpferkraft zu einer unmittelbaren Erfahrung und Wahrnehmung werden und nicht mehr bloße Begriffe sind. Wenn man dann betet, dann weiß man mit völliger Gewissheit, dass man mit Gott spricht und dass die vorgebrachte Bitte von ihm erhört werden wird. Hat man diese Kraft einmal erfahren, dann hört das Ringen im eigenen Leben auf. Wenn man in seinem Leben kämpfen muss, dann letztlich deshalb, weil man die Verbindung zu jener höheren Macht verloren hat, die in uns allen und in der Natur wirkt. Es ist, als ob man sich ein neues Auto kaufen und dann aussteigen und selber schieben würde, statt den Motor anzulassen und loszufahren.

In meinen Workshops gelingt es etwa neunzig Prozent der Teilnehmer ohne weiteres, die natürliche Heilenergie zu erfahren und sofort für sich zu nutzen. Für die meisten von ihnen ist dies eine völlig neuartige Erfahrung. Einige wenige brauchen etwas mehr Übung, und wieder andere entdecken für sich eine eigene Vorgehensweise.

Es ist klar, dass es nicht für alle Menschen ein einziges Verfahren geben kann. Ich sehe kein Scheitern darin, wenn jemand nicht dieselben Erfahrungen macht wie andere Menschen. Ich weiß, dass die Menschen unterschiedlich sind und meine Methode nicht für alle Menschen optimal sein muss. In einem solchen Fall bete ich für diese Menschen und vertraue darauf, dass ihnen die Klarheit, die sie jetzt über ihren weiteren Weg gewonnen haben, helfen wird, diese Erfahrung in einer anderen Weise zu erlangen.

Wendet man die einfachen Techniken aus meinen Workshops an, dann ist Gott oder die höhere Macht kein bloßer Begriff mehr, über den man nachdenkt oder diskutiert, sondern eine unmittelbare, konkrete Wirklichkeit. Sobald man spürt, wie Gottes natürliche Energie durch die Fingerspitzen in den eigenen Körper fließt, kann man mit ihrer Hilfe sich selbst und andere heilen. Je mehr man diese Energie nutzt, um sich zu verändern, desto mehr wachsen Kreativität, Glück und Erfolg. Dies war in der Vergangenheit gemeint, wenn man vom »Segen« eines Heiligen oder der »Gnade« Gottes sprach. Wenn man diese Energie spürt, kann man sie in die gewünschte Richtung lenken und sofort Nutzen aus ihr ziehen.

9. Lasse es dir gut gehen, als ob du dir alles leisten könntest.
Eine einfache Ernährungsumstellung und die Selbstheilungstechnik des Energieabbaus hat schon vielen Teilnehmern mit Übergewicht geholfen, innerhalb weniger Monate überflüssige Pfunde loszuwerden. Die neuen Techniken lassen Übergewicht verschwinden, ohne dass man hungern muss.

Veränderungen, die in wunderbarer Weise geschehen, erfordern keine Opfer. Um abzunehmen, braucht man keine langweiligen Trainingsprogramme mehr zu absolvieren. Ich selbst habe innerhalb von zwei Monaten ohne jedes Trainingsprogramm fünfzehn Kilogramm abgenommen. Als ich mein Normalgewicht wieder erreicht hatte, bekam ich von selbst das Verlangen, mehr für meinen Körper zu tun und ihn mehr zu beanspruchen.

Es ist verständlich, dass Menschen mit Gewichtsproblemen wenig Lust haben, sich mit Sport zu quälen. Zwingt man einen gesundheitlich labilen, übergewichtigen Körper zu einem Trainingsprogramm, mutet man ihm zusätzliche Belastungen zu, die nicht nur ungesund, sondern auch unnötig sind. Sind die überflüssigen Pfunde erst einmal weg, dann verlangt man ganz von selbst nach mehr körperlicher Betätigung, weil man sich dann einfach wohler fühlt und den Körper auch gesund und kräftig erhalten möchte. Sobald man dieses natürliche Verlangen wieder spürt, kann man mit ein wenig Anleitung entdecken, dass man von den Speisen, die man liebt, so viel essen kann, wie man möchte, ohne sich einschränken zu müssen. Diesen herrlichen Zustand erreicht man ganz einfach durch den Verzicht auf einige wenige sehr ungesunde Lebensmittel.

3

Eine spirituelle Algebra

Früher waren wunderbare, plötzliche Veränderungen meistens nicht von Dauer, und zwar deshalb, weil die Menschheit noch nicht weit genug entwickelt war. Alles im Leben entfaltet sich allmählich und schrittweise. Ein Samen kann erst dann zu einem Baum werden, wenn er dazu bereit ist, er braucht gute Pflege und viel Zeit dafür. Die Menschheit konnte in ihren bisherigen Wachstumsstufen nur erahnen, was alles möglich sein könnte. Heute sind wir fähig, die Wahrheit zu begreifen und unser inneres Potenzial für kleine und große Wunder zu nutzen. Wir dürfen uns glücklich schätzen, in einer Zeit zu leben, in der jeder kleine Wunder vollbringen kann.

Um diesen weltweiten Wandel begreifen zu können, ist der Begriff des »Weltbewusstseins« hilfreich, den schon Albert Einstein gebrauchte. Er sagte einmal, dass in späteren Generationen schon die Kinder all jene neuen Erkenntnisse verstehen würden, die er sich in jahrelanger Anstrengung erarbeiten musste. Eine solche Verbesserung der allgemeinen Erkenntnisfähigkeit könne immer dann eintreten, wenn ein einziger Mensch einen Schritt in Richtung eines neuen Bewusstseins ginge.

Einstein hatte Recht. Wie ein Schneeball, der einen Hang hinunterrollt und sich rasch zu einer Lawine entwickelt, so verwandelt sich das ganze Weltbewusstsein, je mehr Menschen zu einer neuen Einsicht gelangen. Was einst als revolutionär oder genial erschien, wird plötzlich selbstverständlich, wenn es Allgemeingut geworden ist.

Diesen Übergang in das Zeitalter der Wunder kann man auch mit der radikalen Veränderung vergleichen, die jedes Kind erlebt, wenn es in die Pubertät kommt. Eine der dramatischsten Veränderungen um das vierzehnte Lebensjahr ist die Fähigkeit, plötzlich Algebra verstehen zu können. Nach einer langen Entwicklungszeit wird eines Tages im Gehirn sozusagen ein Schalter angeknipst, der es dem Jugendlichen erlaubt, vom konkreten Denken zum abstrakten Denken überzugehen.

Das Gehirn braucht zwar vorher einige Jahre, um sich auf diesen Übergang vorzubereiten, doch die Veränderung selbst tritt ganz plötzlich ein. Es ist ein Sprung, keine langsame Entwicklung. Vor diesem magischen Augenblick sind alle Versuche, Algebra zu begreifen, zum Scheitern verurteilt (sofern das Kind nicht in Mathematik besonders begabt ist). Nach diesem plötzlichen Sprung lernen alle Kinder Algebra ganz mühelos, wenn sie nur in angemessener Weise unterrichtet und gefördert werden.

———◄○►———

Algebra bleibt nur so lange unbegreiflich,
wie der Schüler noch nicht dazu bereit ist.

———◄○►———

Hat das Gehirn des Schülers den notwendigen Übergang vom konkreten zum abstrakten Denken noch nicht vollzogen, dann bleibt Algebra ein Rätsel, auch wenn der Lehrer noch so gut ist. Es wäre sogar kontraproduktiv, Algebra lernen zu wollen, wenn das Denkvermögen noch nicht reif dafür ist: Statt zu erkennen, dass man einfach noch nicht soweit ist, könnte man fälschlicherweise annehmen, ein Versager zu sein und es niemals lernen zu können. Durch diesen Irrtum blockiert man sich selbst. Fähigkeiten können nur mit einer positiven Erwartungshaltung entwickelt werden.

———◄○►———

Es ist kontraproduktiv, etwas lernen zu wollen,
wenn das Denkvermögen noch nicht reif dafür ist.

———◄○►———

Mit der Entwicklung der Fähigkeit, kleine Wunder zu vollbringen, verhält es sich ebenso wie mit dem Erlernen von Algebra. Man könnte sagen, dass diese Fähigkeit eine Art spiritueller Algebra ist. Lange Zeit kann man sie nicht begreifen –
aber plötzlich sieht man alles ganz klar vor Augen.
Natürlich ist dies nur eine Analogie. Wer in Mathematik
nicht gut ist, kann trotzdem in der Lage sein, wunderbare Veränderungen herbeizuführen. Und wenn jemand mit Algebra
Mühe hatte, dann lag das vielleicht daran, dass er sie lernen
sollte, bevor er dazu reif war oder einfach nicht in der richtigen Weise gefördert wurde. Jedes Kind lernt anders. Und vor
einigen Jahrzehnten hatten die meisten Lehrer noch nicht die
Kenntnisse oder die Zeit, auf die vielfältigen Bedürfnisse der
Kinder in einer Weise einzugehen, die es diesen erlaubt hätte,
rasch zu lernen.

Umwälzende Veränderungen des inneren Potenzials nimmt
man meistens nicht sofort wahr. Wenn bei Jugendlichen allmählich die Fähigkeit entsteht, Algebra zu begreifen, dann
macht sich diese Veränderung durch keinerlei äußere Anzeichen bemerkbar. Wenn der Schalter des abstrakten Denkens
angeknipst wird, dann erwachen die Jugendlichen am nächsten Tag nicht als andere Menschen. Sie sehen weder anders
aus, noch stellen sie an sich eine Veränderung des Verhaltens
fest. Nein, sie wissen gar nicht, dass sie jetzt die Fähigkeit haben, Algebra zu begreifen. Ihr neues Potenzial können sie erst
dann entdecken, wenn sie beginnen, es zu nutzen.

In ähnlicher Weise werden auch wir durch unsere neue Fähigkeit, kleine Wunder zu vollbringen, keineswegs völlig verändert. Sobald wir aber auf diese Fähigkeit aufmerksam wer-

den und die Gelegenheit bekommen, sie zu nutzen, nehmen wir sie wahr und können sie ausbauen. Um unsere wunderbaren Fähigkeiten nutzen zu können, brauchen wir nur zu erkennen, dass sie vorhanden sind, und uns nach ihnen umzusehen. Solange wir nichts von ihnen ahnen, brechen wir niemals zu neuen Ufern auf.

———◀◦▶———

Unser neues Potenzial können wir erst dann entdecken, wenn wir beginnen, es zu nutzen.

———◀◦▶———

Unsere Fähigkeit, kleine Wunder zu vollbringen, hat sich über Jahrtausende langsam entwickelt. Immer wieder ist diese Fähigkeit in Erscheinung getreten, zum Beispiel in der Sehnsucht der Menschen nach Freiheit und Demokratie. Es entstand die Überzeugung, dass alle Menschen gleichberechtigt seien und dass jeder sein Leben selbst gestalten können solle.

In der ganzen Welt geschehen heute grundlegende und dauerhafte Veränderungen, die allen Menschen die Möglichkeit eröffnen, die eigene Zukunft selbst zu gestalten. Diese Möglichkeit wird immer weniger durch Hautfarbe, Geschlecht, Rasse, Familienstand oder religiöse Zugehörigkeit eingeengt. Die Anzeichen für eine nie dagewesene Transformation sind in der ganzen Welt unübersehbar. Selbst Menschen, die unter einer Gewaltherrschaft leben, erheben sich jetzt, um ihre demokratischen Rechte einzufordern.

Spirituelle Lehren der Vergangenheit

Solange niemand einem jungen Menschen die Grundlagen der Algebra beibringt, kann er auch nichts davon wissen, dass er sie vielleicht ganz einfach verstehen könnte. Er glaubt vielleicht sein ganzes Leben lang, dass er Algebra nicht begreifen kann und versucht es erst gar nicht. Andererseits findet er aber auch, dass die alte Mathematik, die auf anschaulichem Denken beruht, langweilig geworden ist. Deshalb verliert er das Interesse an Mathematik ganz.

In ähnlicher Weise wollen heute viele Menschen nichts mehr von Religion, Spiritualität und Gott wissen, weil ihnen niemand etwas über ihre neuen Fähigkeiten und Möglichkeiten sagt. Menschen, die über eine spirituelle Grundeinstellung oder den Begriff »Gott« spotten, oder die das Streben nach einer persönlichen Veränderung aufgegeben haben, sind oft in ihrer Entwicklung besonders rasch fortgeschritten. Sie sind mit Kindern zu vergleichen, die etwas früher als andere in die Pubertät kommen. Es dauert zwar nicht lange, bis auch bei den anderen die Veränderung eintritt, aber sie sind doch anders als ihre Altersgenossen und etwas weiter. Trotzdem oder gerade deshalb haben sie manchmal mehr Probleme.

————◄◌►————

Menschen, die über eine spirituelle Grundeinstellung spotten, sind oft in ihrer Entwicklung besonders rasch fortgeschritten.

————◄◌►————

In den letzten Jahrhunderten gab es immer wieder Menschen, die diesen Übergang bereits vollzogen hatten. Diese Erfinder, Künstler, Schriftsteller, Revolutionäre und Wissenschaftler waren aber in Wirklichkeit gar nicht so viel weiter als die anderen. Vor dem Hintergrund der Evolution, die sich über Jahrmillionen hinzieht, sind hundert Jahre nur ein Augenblick. Innerhalb weniger Jahrzehnte oder Jahrhunderte holte der Rest der Menschheit diese Entwicklung nach und alle waren wieder auf derselben Ebene.

Diese Entwicklung hat sich in den letzten zweihundert

Jahren um ein Vielfaches beschleunigt. In den letzten fünfzig Jahren haben Millionen von Menschen einen tief greifenden Wandel durchlaufen, und heute, in diesem neuen Jahrtausend, sind schon Milliarden von Menschen in der Lage, ihr höheres Potenzial zu nutzen.

Früher als andere Menschen Fortschritte zu machen, ist nicht immer eine angenehme Erfahrung. Oft mussten solche entwickelten Persönlichkeiten Misstrauen, Isolation oder Schlimmeres erdulden. Diese Erfahrung kennt jedes Mädchen, das als Erste in der Klasse ihre Menstruation bekommt. Weil sie eine Ausnahme ist, ist diese doch so wunderbare Veränderung oft mit Beschämung, Verunsicherung, Verlegenheit und der Angst vor einer Zurückweisung verbunden.

Wenn früher jemand so weit entwickelt war, dass er kleine Wunder wirken konnte, aber keinen Lehrer fand, dann war dies sehr entmutigend. Solche Menschen wussten, dass ihnen etwas fehlte, aber sie wussten nicht, was es war oder wo sie es hätten finden können. Die zeitgenössischen Religionen predigten eine Lehre, die dem Bewusstsein der Massen entsprach, aber nicht mehr dem ihren.

Hier ist wieder die Analogie zur Algebra nützlich: Spirituelle Lehrer und religiöse Oberhäupter lehrten nach wie vor die anschauliche Mathematik, aber jetzt gab es einige Menschen, die über sie hinausgewachsen waren. Wo sollten sie einen fortgeschrittenen Lehrer finden, der ihnen in ihren neuen Einsichten über das Leben und seine Geheimnisse folgen konnte? Sie brauchten eine spirituelle Algebra. Sie waren auf der Suche nach einer höheren Wahrheit, aber die traditionelle Spiritualität war für sie nicht mehr befriedigend, weil das, was man ihnen über Gott sagte, für sie nicht mehr gültig war. Während die einen dann nach einer unkonventionellen Wahrheit suchten, verloren die anderen überhaupt das Interesse daran.

—◄○►—

Die spirituellen Antworten der Vergangenheit waren
oft nur eine Botschaft für die Massen.

—◄○►—

Wenn ein fortgeschrittener Mensch die alten Ansichten glauben sollte, die man ihm über Gott verkündete, dann war dies so, als ob man heute einem Jugendlichen erzählen würde, dass der Nikolaus wirklich in einem roten Mantel vom Himmel kommt und Geschenke an die braven Kinder verteilt. Die Menschen mit einem weiter entwickelten Bewusstsein brauchten etwas, das ihr neues Potenzial ansprach und sie dadurch stimulierte und stärkte. Sie wollten die Fähigkeit spüren, ihre Träume verwirklichen zu können. Wenn ihre eigene Religion ihnen dies nicht bieten konnte, dann sahen sie sich anderswo um.

In den letzten zweihundert Jahren und verstärkt in den letzten fünfzig Jahren haben sich deshalb immer mehr Menschen einer anderen Religion zugewandt, sich einer neuen geistigen Strömung angeschlossen oder einfach den traditionellen Religionen den Rücken gekehrt, um sich den neuen Religionen anzuschließen: der Wissenschaft, dem Konsum, der Popkultur, der Psychologie und Psychotherapie, der Umweltbewegung, der ganzheitlichen Medizin oder der Selbsthilfebewegung mit all ihren Büchern, Fachleuten, Heilern, Ernährungsratschlägen, Workshops und Zwölf-Schritte-Programmen.

Viele traditionelle Kultorte haben ihre Funktion verloren oder sind zu bloßen Touristenattraktionen geworden. Die Kirchen und religiösen Gemeinschaften, die heute noch erfolgreich arbeiten, werden meist von Menschen geleitet, die offen sind für alle neuen Erkenntnisse und Ideen, die aus der Naturwissenschaft, der Psychologie und der Selbsthilfebewegung entspringen.

Die desillusionierten Menschen, die nichts mehr für Spiritualität übrig hatten, verwarfen die traditionellen religiösen Lehren und suchten anderswo nach einer Stimulanz und Herausforderung für das neue Potenzial, das sie plötzlich in sich fühlten. Aber oft verwarfen sie dabei unnötigerweise gleichzeitig jegliche Vorstellung von »Gott« oder »Spiritualität«. Sie schütteten das Kind mit dem Bade aus.

Aber auch ohne bewusste Inanspruchnahme der Hilfe Gottes oder der göttlichen Macht des Universums gelang es fortgeschrittenen Menschen manchmal, ihr neues Potenzial für künstlerische und technische Wunder zu nutzen. Viele große Wissenschaftler waren Agnostiker oder Atheisten. Oft zeichneten sie sich auf ihrem Fachgebiet durch außerordentliche Leistungen aus – aber im Privatleben scheiterten sie oft. Sie mussten großen Kummer oder physische Krankheit ertragen. Andere widmeten sich geheimen esoterischen Praktiken für Fortgeschrittene und erlangten großen inneren Frieden, aber sie hatten keinen Erfolg in der äußeren Welt und lebten in Armut oder Krankheit.

———◅◦▻———

Wenn man jegliche Vorstellung von
»Gott« oder »Spiritualität« verwirft,
schüttet man das Kind mit dem Bade aus.

———◅◦▻———

Im Westen gibt es heute sehr viele äußerlich erfolgreiche Menschen. In der äußeren Welt haben sie alles erreicht, aber viele sind trotzdem nicht glücklich. Sie missbrauchen Medikamente und Drogen, um ihren Schmerz zu unterdrücken, aber sie bleiben trotzdem traurig und verbittert. Theoretisch haben sie das Potenzial, die spirituelle Algebra zu erlernen, aber es fehlt ihnen ein guter Algebra-Lehrer, der ihnen helfen würde, dieses Potenzial erfolgreich in allen Lebensbereichen umzusetzen.

Die Wahrheit in allen Religionen

Die innere Veränderung, die heute bei allen Menschen eingetreten ist, spiegelt sich in vielerlei Weise in den äußeren Veränderungen unserer heutigen Welt. Wie sich das innere Bewusstsein aller Menschen auf eine neue Ebene ausgedehnt hat, so ist plötzlich die ganze Welt über Fernsehen, Handys und durch das Internet miteinander verbunden. Viele Menschen haben Zugang zu diesen noch relativ jungen technischen Wunderwerken und verfügen damit über eine ungeheure Fülle von Informationen.

Die technischen Errungenschaften, über die wir heute verfügen, sind überaus beeindruckend, aber sie sind erst der Anfang. Unzählige Innovationen, Verbesserungen, Fortschritte und Entdeckungen stehen noch bevor. Ebenso hat jetzt jeder Mensch Zugang zu seiner inneren Fähigkeit, kleine Wunder zu wirken – und es wird nicht mehr lange dauern, bis wir diese Fähigkeit dazu nutzen können, in unserem Leben unglaubliche Fortschritte zu erzielen. Was wir heute in der inneren und äußeren Welt bewirken können, wird in einigen Jahren noch bei weitem übertroffen werden. Das erkenne ich nicht nur bei meiner eigenen Arbeit, auch andere Heiler und Lehrer berichten davon.

Wer sich vor zwanzig Jahren einen PC anschaffte, musste sich mit einer langsamen Rechnergeschwindigkeit und begrenztem Speicherplatz zufrieden geben. Noch für die kleinsten Verbesserungen musste man viel Geld bezahlen. Heute kosten Computer ein Bruchteil des früheren Preises, und sie sind nicht nur kleiner, leichter, bedienungsfreundlicher und wesentlich schneller geworden, sie können auch eine unvorstellbare Fülle von Daten speichern. Viel mehr Menschen als früher können sich die neuesten Computer leisten. Ebenso ist heute jedem eine viel größere Fähigkeit verfügbar, seine wunderbaren inneren Kräfte zu entwickeln.

Dabei spielt es überhaupt keine Rolle, wie weit man spirituell fortgeschritten ist. Auch der, der immer frei von »Sünden« blieb oder dies zumindest versuchte, hat davon keinen Vorteil. Er ist deshalb nicht privilegierter, dieses neue Potenzial zu entwickeln. Jeder Mensch hat den gleichen Zugang dazu. Es spielt keine Rolle, ob man sein Leben lang sein Potenzial vergeudet hat, wenn man immer wieder in dieselben Fehler verfallen ist und seine inneren Begabungen übersehen hat. Es ist nie zu spät, niemandem ist der Zutritt verwehrt.

Jeder von uns hat die Möglichkeit,
sein Leben zu verändern, ganz gleich,
wie man bisher auch gelebt haben mag.

Selbst wenn man jahrelang innere Schulungstechniken praktiziert hat, hat man keinen besonderen Vorteil. Natürlich ist man auf seinem Weg schon vorangekommen, aber trotzdem muss man jetzt noch eine Art »Aktualisierung« des Bewusstseins durchführen. Das heißt nicht, dass die bisher erreichten Fähigkeiten und Kenntnisse jetzt nutzlos geworden wären. Es ist wie bei den Computern: Man braucht den alten nicht gleich wegzuwerfen, aber vielleicht braucht man eine neue Festplatte und einen schnelleren Prozessor.

Man braucht nicht alles bisher Erreichte über Bord zu
werfen, aber es ist eine Aktualisierung erforderlich.

Das gilt auch für die Lehren der großen Weltreligionen: Sie haben so viel zu bieten, wenn man nur einige ihrer einengenden und einschränkenden Aspekte neu interpretiert und ihnen verzeiht, was sie an Schuld auf sich geladen haben. Die

Religionen komplett abzulehnen ist so, als ob man Beethoven ablehnen würde, nur weil man lieber Country-Musik hört oder weil Beethoven nichts für E-Gitarre geschrieben hat. Warum sollte man nicht versuchen, alles zu nutzen? Wir brauchen nicht das Rad neu zu erfinden. Wir brauchen auch keine neue Religion. Und wir brauchen keine neuen Eltern, die uns lehren, was wir zu tun und zu lassen haben. Wir müssen einfach unser Herz und unseren Verstand öffnen. Jeder hat in sich das Potenzial, um selbst entscheiden zu können, was für ihn richtig oder falsch ist. Vor zweitausend Jahren forderte Jesus das Establishment heraus, als er sagte, dass Gottes Gesetz schon in das Herz eines jeden Menschen eingeschrieben sei. Ebenso gilt heute, dass niemand außer uns selbst uns sagen kann, was Wahrheit ist. Wir müssen nur lernen, unser neues Potenzial zu nutzen und unser Herz zu öffnen.

Indem wir in uns selbst blicken, können wir die Wahrheit erkennen und unsere innere Fähigkeit entwickeln, kleine Wunder zu wirken. Dem eigenen Herzen statt äußeren Lehren, Traditionen und Anweisungen zu gehorchen, bedeutet nicht, dass man niemandem mehr zuhört und niemanden mehr achtet. Es bedeutet sogar, dass man genauer zuhört, aber dann das tut, was man selbst als richtig empfindet. Hört man auf sein Herz, dann lernt man durch Versuch und Irrtum von selbst, was das Beste für einen ist.

Ohne eigene, unmittelbare Erfahrungen hat man vielleicht eine Meinung, aber noch kein Wissen. Deshalb kann man auch nie mit Sicherheit wissen, was für einen anderen Menschen richtig ist. Das Einzige, was wir wirklich wissen können, ist, was für uns selbst gut ist, und sogar das bleibt nicht immer gleich, weil wir uns ändern.

Hat man einmal die Wahrheit in seinem Inneren gefunden, dann entdeckt man sie plötzlich auch in allen Religionen. Man erkennt die zugrunde liegende Botschaft, die immer dieselbe ist. Man wird wahrnehmen, wie diese Wahrheit von anderen, die später kamen, oder von Interpreten, die die Botschaft nicht wirklich verstanden hatten, falsch ausgelegt wurde. Und man wird schließlich auch zu der Einsicht kommen, dass manche Botschaften einfach nicht mehr zeitgemäß sind. Die endgültige Wahrheit über das Leben ist wie ein Fluss. Es ist immer dasselbe Wasser, aber es ist in ständiger Bewegung und Veränderung. Ein Fluss folgt niemals lange einer geraden Linie, sondern weicht mal nach dieser, mal nach jener Seite ab. Und er hat täglich andere Farben: wenn die Sonne scheint, dann ist das Wasser herrlich blau, während es an trüben Tagen dunkel und grau aussieht. Er scheint anders zu sein, aber Wasser ist immer Wasser. Es kann heiß oder kalt, klar oder trüb sein, aber es bleibt Wasser. Ebenso ist in allen Religionen dieselbe Wahrheit vorhanden. Wenn man einmal Wasser gekostet hat, dann weiß man, dass es immer erfrischend und lebensspendend ist, wie unterschiedlich es auch an verschiedenen Tagen aussehen mag.

———◄◦►———

Wer einmal die Wahrheit in seinem Inneren entdeckt hat, erkennt sie plötzlich auch in allen Religionen.

———◄◦►———

Eine neue Religion zu stiften heißt, den Wert einer anderen Religion zu bestreiten. Das ist heute unsinnig, denn eine neue Religion ist gar nicht nötig. Wir brauchen keine »bessere« Religion mehr, weil wir heute fähig sind, die Wahrheit zu erkennen, die jeder Religion zugrunde liegt. Und diese Einsicht ist die Basis für einen weltweiten Religionsfrieden.

Jeder, der von sich behauptet, »den einzigen Weg« oder »den besten Weg« zu kennen, kann kein wahrhaftiger spiritueller Führer sein. Er hat vielleicht den besten Weg für sich selbst oder seine Anhänger gefunden, aber nicht für alle Menschen. Die Auffassung, dass ein Weg für alle richtig sein müsse, ist überholt. Diese beschränkte Meinung hindert die

Menschen letztlich daran, ihre innere Fähigkeit zu erfahren, im persönlichen Leben und in der Welt kleine Wunder zu wirken. Nur wenn man Herz und Verstand öffnet, kann man Unterschiede in allen Lebensbereichen zulassen und respektieren. Immer wenn sich die etablierten Religionen gegen Veränderungen verschließen, müssen neue Religionen Veränderungen bewirken. Wenn sich die Religionen öffnen, dann werden sie die Wahrheit in allen anderen Traditionen respektieren und anerkennen können. Sie können ihre jeweiligen Rituale und Überlieferungen beibehalten, aber sie müssen auch andere Traditionen gelten lassen. Vorstellungen von Überlegenheit, von einem »auserwählten Volk« oder von »allein seligmachenden« Lehren werden einfach verschwinden. Hier und dort geschieht das schon – und bald wird es überall so sein.

Lebenslange Liebe und Leidenschaft

In unserem neuen Zeitalter der kleinen Wunder beschleunigt sich der Wandel immer mehr. Veränderungen, die sich früher über Jahre vollzogen, sind heute schnell und problemlos möglich. Es ist auch in diesem Sinne ein Übergang von analog zu digital erfolgt. Wir brauchen nicht mehr zeitraubend Bänder zurückzuspulen: Auf Knopfdruck sind wir wieder am Anfang. Wenn man auf einer CD oder DVD etwas überspringen möchte, dann ist man im Nu dort, wo man sein möchte.

Eine alte Redensart besagt: Zeit heilt Wunden. Man braucht nur lange genug zu warten, dann kommt alles in Ordnung. Aber heute brauchen wir nicht mehr zu warten. Das Geheimnis liegt einfach darin, dass wir unsere »Ausstattung« auf den neuesten Stand bringen und lernen müssen, wie man mit ihr umgeht.

Viele Menschen über dreißig haben es aufgegeben, sich ändern zu wollen. Sie können sich zu nichts mehr aufraffen, weil der Erfolg schon zu oft von Dauer war. Warum sollten sie eine Veränderung in Angriff nehmen, wenn sie doch nur wenige Wochen anhält? Aus Angst vor der Demütigung eines wiederholten Scheiterns verzichten diese Menschen auf die Freude, ein besserer und glücklicher Mensch zu werden.

In ähnlicher Weise glauben wir oft nicht mehr daran, dass es auch anders laufen könnte, wenn wir einmal von anderen Menschen enttäuscht worden sind. Besonders oft geschieht das in Liebesbeziehungen. Zunächst fühlt man Enttäuschung, dann verliert man die Hoffnung auf eine Änderung. Männer werden dann oft gleichgültig, Frauen misstrauisch. Beide Haltungen versperren den Zugang zu der Liebe, durch die man ursprünglich doch zusammengefunden hat. Der Entzug der Zuwendung oder des Vertrauens bedeutet aber immer den Verzicht auf die innere Fähigkeit, eine Veränderung herbeizuführen.

————◦————

Gibt man die Hoffnung auf eine Veränderung auf,
dann führt dies bei Männern oft zu Gleichgültigkeit,
bei Frauen zu Misstrauen.

————◦————

Statt die notwendigen Veränderungen in den Beziehungen, am Arbeitsplatz oder in den persönlichen Gewohnheiten vorzunehmen, zieht man sich in ein Mittelmaß zurück und nimmt seinen Zustand passiv hin. An einem bestimmten Punkt ergibt man sich in die beschränkende Auffassung, dass man sich ja doch nicht ändern kann, oder zumindest nicht dauerhaft. Dies führt oft dazu, dass man krank wird, wenn man älter wird.

Gelingt es Männern über längere Zeit nicht, ihre Partnerin zufrieden zu stellen, dann werden sie gleichgültig. Sie halten sich für Versager und denken: »Was soll's? Ich kann tun, was ich will; sie ist doch nie zufrieden.«

Das Problem liegt in einem solchen Fall darin, dass der Mann zu sehr von den Reaktionen der Frau abhängig ist. Um das zu ändern, muss er seine unrealistischen Erwartungen aufgeben und versuchen, etwas zu unternehmen, das ihn zunächst einmal selbst zufrieden macht. Diese kleine Veränderung kann helfen, gelegentliche Enttäuschungen leichter zu ertragen, ohne der Partnerin deshalb gleich die Zuwendung zu entziehen.

Frauen andererseits haben oft zu viel Vertrauen, und wenn sie dann enttäuscht werden, verlieren sie ihr Vertrauen völlig. Sie vertrauen entweder ganz und gar, oder sie verschließen sich und haben überhaupt kein Vertrauen mehr. Bekommen sie in einer Beziehung alles, was sie brauchen, dann verlassen sie sich ganz darauf und hören fatalerweise auf, auch noch in anderen Bereichen ihres Lebens nach Erfüllung zu suchen. Eine solche Abhängigkeit ist ungesund. Enttäuscht der Partner sie dann einmal, dann sagen sie sich nicht, dass er sicher sein Bestes tut, sondern entziehen ihm ihr Vertrauen.

———◦———

Zu erwarten, dass ein einziger Mensch alle Bedürfnisse befriedigen könnte, ist unrealistisch und führt zu lieblosen Ansprüchen.

———◦———

In einem solchen Fall muss eine Frau versuchen, mehr Vertrauen zu sich selbst zu haben. Und dieses Vertrauen wächst, wenn sie ihr neues Potenzial in sich selbst entdeckt. Dieses innere Vertrauen befreit sie von übermäßiger Abhängigkeit von ihrem Partner. Dann lernt sie, künftig einem Partner in angemessener Weise und ohne unrealistische Erwartungen oder lieblose Ansprüche zu vertrauen.

Wenn beide, Männer und Frauen, ihr Glück nicht ausschließlich bei ihrem Partner suchen, dann sind gelegentliche Frustrationen und Enttäuschungen nichts weiter als eine

71

kleine Irritation auf einem Meer von Liebe, Hochachtung, Wertschätzung, Verständnis, Zuwendung und Vertrauen. Es ist völlig normal, dass man sich über Menschen, die man liebt, manchmal auch ärgert. Das Geheimnis des Eheglücks liegt darin, zu lernen, einfach loszulassen und wieder uneingeschränkt zu lieben. Wer liebt, hat sein wahres Selbst wiedergefunden.

Um zu dieser uneingeschränkten Liebe zurückzukehren, kann man sich vergegenwärtigen, wie man sich zu Beginn der Beziehung oder in einer wirklich guten Freundschaft fühlte. Hat einen der Partner oder Freund einmal enttäuscht, dann war die unmittelbare Reaktion doch:»Macht nichts.« Aber diese großartige liebevolle Reaktion ist nur dann möglich, wenn man nicht allzu abhängig ist oder wenn man das Vertrauen hat, dass man in seinem Leben erreichen kann, was man braucht. Sehr hilfreich bei diesem Prozess ist das Wissen um die eigene Fähigkeit, kleine Wunder zu wirken.

Zur Heilung einer übermäßigen Abhängigkeit muss man zum einen in sich selbst Erfüllung suchen, zum anderen aber auch in seinen äußeren Beziehungen Nähe und Freundschaft finden können. Es ist nicht gut, wenn der Partner der einzige gute Freund ist, oder wenn man immer alles gemeinsam tut. Man muss auch noch ein Eigenleben führen. Wie Eltern auch einmal Zeit füreinander ohne ihre Kinder finden müssen, so muss man in einer Partnerschaft Zeit für sich selbst finden, um etwas zu tun, was einem auch ohne den Partner Freude macht.

———◄◦►———

Wer in sich selbst Erfüllung sucht,
aber auch in seinen äußeren Beziehungen Nähe
und Freundschaft findet, vermeidet dadurch eine
übermäßige Abhängigkeit vom Partner.

———◄◦►———

So wird es möglich, dass eine Frau das Vertrauen hat, dass ein Mann sein Bestes tut, und ein Mann rücksichtsvoll auf die Bedürfnisse seiner Partnerin eingeht, ohne dabei sich selbst zu verlieren. Man kann dem Partner seine Fehler verzeihen und dessen Grenzen und dessen Anderssein besser akzeptieren. Männer und Frauen können ihre Unterschiede liebevoll akzeptieren und diese freiere Form der Liebe ist der Garant dafür, dass Romantik und Leidenschaft ein ganzes Leben lang Bestand haben.

In der bisherigen Menschheitsgeschichte haben Paare noch nie erwartet, dass in einer Ehe die Leidenschaft Bestand hat. Aber heute ist dies eine realistische Erwartung, auch wenn wir noch eine Menge lernen müssen, damit dieses Wunder wirklich wahr werden kann. Wir müssen uns von den Konditionierungen früherer Generationen befreien. Wenn wir Neues ernten wollen, dann müssen wir Neues säen. Indem wir anders handeln und denken als frühere Generationen, können wir auch andere Ergebnisse erzielen.

Weil die Menschen bisher nicht wussten, wie sie dauerhafte Leidenschaft füreinander bewahren konnten, und weil sie andererseits nicht nur aus Gewohnheit verheiratet bleiben wollten, trennten sich viele Paare. Die Scheidungsrate stieg gewaltig, und inzwischen werden zwei von drei Ehen wieder aufgelöst. Auch die Zahl der Eheschließungen geht in vielen Ländern drastisch zurück.

Die Zunahme der Scheidungen und die Desillusionierung bezüglich der Ehe ist aber nicht deshalb eingetreten, weil die Menschen liebloser geworden wären, sondern deshalb, weil sie heute höhere Ansprüche haben. Sie wissen, dass mehr möglich ist, aber sie wissen noch nicht, wie sie es erreichen können. Wie manche aus einer Ehe ausbrechen, weil sie mehr wollen, so lassen andere Überzeugungen hinter sich, die ihnen bisher spirituellen Halt gegeben haben.

Wenn Paare jetzt lernen, ihre unrealistischen und lieblosen Ansprüche aufzugeben, statt ihren Partner zu verlassen, dann können sie ihre Beziehung auf wunderbare Weise neu gestalten. Sobald sie weniger abhängig sind und sich selbst und ihrem Partner mehr Freiraum für ein Eigenleben geben, wird der Traum von einer dauerhaften Liebe zu einer ganz konkreten Möglichkeit.

Religiöse Offenheit

Wie wir in unseren Beziehungen unser Herz und unseren Verstand öffnen können, so können sich auch religiöse Organisationen öffnen. Auch sie müssen sich heute nicht mehr den neuen Erkenntnissen verschließen. Meine Klienten erzählen mir zum Beispiel immer wieder, dass ihr Pfarrer, Pastor, Rabbi, Swami oder Guru ihnen psychologische Ratgeber über Liebe, Gesundheit oder Erziehung empfohlen hat. Damit räumt nicht die Religion ihr Scheitern ein, sondern dies ist einfach Ausdruck eines neuen Bewusstseins. Es ist an der Zeit, das Wissen auf den neuesten Stand zu bringen und von anderen und sich selbst zu lernen, statt von einer Instanz, die außerhalb von einem selbst liegt. Nicht nur die Menschen sind heute fähig, sich zu ändern, sondern auch die Religionen. Wer vor langer Zeit der religiösen Gemeinschaft den Rücken gekehrt hat, der er als Kind angehörte, würde sich heute wundern, wie sehr sich diese geändert hat.

Wie die Religionen vor der Herausforderung zur Veränderung stehen, so auch die Menschen, die den Glauben ihrer Kindheit abgelegt haben. Es ist an der Zeit, Vorurteile und Ängste aufzugeben, Unterschiede anzuerkennen und zugleich die eine zugrunde liegende Wahrheit zu erkennen. Wenn man sich von der Religion seiner Kindheit abgewandt hat, sollte man seinen Horizont erweitern, indem man sich einmal darüber informiert, ob diese Religion nicht inzwischen auch neue Ansichten vertritt, die man sich selbst zu eigen gemacht hat.

———◄○►———

Nicht nur die Menschen sind heute fähig,
sich zu ändern, sondern auch die Religionen.

———◄○►———

Gold bleibt Gold, gleichgültig, in welche Form es gebracht wird. Die letzten Wahrheiten über das Leben können auf viele verschiedene Weisen ausgedrückt werden, aber es bleiben trotzdem die letzten Wahrheiten. Jede Religion bringt die Wahrheit für Menschen unterschiedlicher Kulturkreise und Entwicklungsstufen in eine für sie angemessene Form. Keine Religion ist besser als eine andere. Respektiert man das Anderssein anderer Menschen und sucht man nach den verbindenden Gemeinsamkeiten, dann verschafft man sich die Freiheit, anders zu sein, und bleibt trotzdem in Frieden mit der Welt.

Unzählige Wege führen auf einen Berg, aber es gibt nur einen Gipfel. Wir dürfen uns heute darüber freuen, dass wir oben angekommen sind. Jetzt können wir unser Gepäck abstellen und die Aussicht auf neue und unendliche Möglichkeiten genießen.

Jeder hat heute die Möglichkeit, in seinem Leben kleine Wunder zu wirken. Aber wie bei der Algebra kommt es auch auf einen guten Lehrer an. Wenn Sie erst einmal die neun Leitprinzipien für kleine Wunder verstanden haben, werden Sie in kürzester Zeit ein erstaunliches Wachstum erleben. Benutzen Sie dieses Buch als Ihr Algebra-Lehrbuch, damit es Sie an Ihre neuen Fähigkeiten erinnert und Ihnen hilft, Ihr neues Potenzial zu entwickeln. Die Zeit ist gekommen: Sie brauchen nur einige kurze Erklärungen und einige einfache Techniken und Übungen, und schon befinden Sie sich auf einer wunderbaren Reise.

Das Zeitalter der Wunder

Dramatische gesellschaftliche Veränderungen und radikale Entwicklungssprünge hat es in der Geschichte immer schon gegeben. Jede Wendezeit hat ein neues Ideal hervorgebracht, das in der Religion, aber auch in Kunst und Wissenschaft seinen Ausdruck fand. Ob die Menschheit neue und bessere Regierungsformen erprobte oder ob sie Erfindungen machte, die das Industriezeitalter und jetzt das digitale Zeitalter ermöglichten – immer wuchs dabei die Fähigkeit, kleine Wunder zu wirken.

Was in den letzten zweihundert Jahren und vor allem in den letzten fünfzig Jahren außergewöhnlich war, ist die Beschleunigung der Veränderungen. In den vergangenen Jahrhunderten dauerten bedeutsame Strömungen und die Entwicklung wichtiger Erkenntnisse Hunderte von Jahren. Mit der Entstehung der Demokratie vor zweihundert Jahren beschleunigten sich die Veränderungen. An der Schwelle des neuen Jahrtausends hat sich diese Beschleunigung noch verstärkt. Dadurch wurde aber für die ganze Menschheit die Tür zu einer neuen Bewusstseinsebene aufgestoßen. Wir leben heute in einem Zeitalter der Wunder!

Mit jeder fortschrittlichen Entwicklung hat sich die Menschheit aber auch neue Probleme eingehandelt. Das liegt einfach im Wesen des Fortschritts und macht auch deutlich, warum ein guter Einfall als solcher noch nicht genügt. Zu viel von etwas Gutem ist auch nicht gut und was bis zum Extrem getrieben wird, wendet sich schließlich gegen seinen ursprünglichen Zweck.

Wird ein Prinzip bis zum Exzess angewandt, dann wird es oft am Ende verworfen, weil es Probleme heraufbeschwört, und man wendet ein neues Prinzip an, das sich dann als Lösung erweist. Wenn die Gesellschaft zum Beispiel allzu starr und konservativ wird, dann geht sie zu einer offeneren und freieren Haltung über. In der Geschichte sind viele solcher Übergänge zu beobachten. Heute aber geschieht etwas Neues. Wir sind jetzt fähig, Unterschiede nicht als Bedrohung, sondern als potenzielle Bereicherung wahrzunehmen.

———◄o►———

Wie ein Pendel vor- und zurückschwingt und schließlich seine Ruhelage erreicht, so ist die Menschheit jetzt an einem Punkt angelangt, an dem sie sich in Ruhe und im Gleichgewicht befindet.

———◄o►———

Wir befinden uns heute am Gleichgewichtspunkt zwischen gegenläufigen Bewegungen. Wir haben den magischen Augenblick zwischen Tag und Nacht erreicht. Wir sind zu einem neuen Zeitalter der alltäglichen Wunder erwacht. Was früher unbegreiflich war, ist jetzt ganz einfach geworden. Dabei brauchen wir alte Grundsätze nicht über Bord zu werfen, auch wenn sie im Widerstreit zu neuen Auffassungen stehen. Vielmehr können wir das Alte und das Neue zu einem Ganzen zusammenfügen, das viel mehr ist als die Summe seiner Teile.

Männer sind vom Mars, Frauen von der Venus

Diese Veränderung zeigt sich auch darin, dass die in *Männer sind anders. Frauen auch* vorgelegten Ideen so großen Anklang gefunden haben. Als ich Anfang der 80er Jahre mit meinem Mars-Venus-Konzept an die Öffentlichkeit ging, schlug mir großer Widerstand entgegen. Viele Menschen waren einfach noch nicht bereit, meine Ideen zu akzeptieren. Wenn ich von den Unterschieden zwischen Männern und Frauen redete, dann wurde das oft so interpretiert, als ob ich behaupten würde, dass ein Geschlecht besser sei als das andere. Manche unterstellten mir, dass ich alte Auffassungen wieder beleben und die neuen Ideen von Freiheit und Gleichberechtigung wieder abschaffen wollte.

Aber heute akzeptiert praktisch jeder, der einmal eine Liebesbeziehung hatte, dass Männer und Frauen unterschiedlich sind und dass diese Unterschiede grundsätzlich gut sind, auch wenn sie uns manchmal Probleme bereiten. Unsere alten Auffassungen über die Geschlechtsunterschiede haben sich tief greifend gewandelt. Wir akzeptieren nicht nur, dass Männer und Frauen unterschiedlich sind, sondern wir haben uns auch die neue Auffassung zu eigen gemacht, dass diese Unterschiede nicht bedeuten, dass ein Geschlecht besser ist als das andere.

Aus der Integration einander widersprechender Auffassungen ist ein höheres Prinzip entstanden: Männer und Frauen können unterschiedlich und gleichberechtigt zugleich sein. Wenn man dies einmal erkannt hat, dann wird auch deutlich, dass man die Grundrechte eines jeden Menschen nur dann gleichermaßen anerkennen kann, wenn man auch diese Unterschiede anerkennt. Aus demselben Bewusstsein heraus sagt man auch, dass Schwarz und Weiß unterschiedlich und trotzdem gleichberechtigt sein können. Auch alle Religionen, alte und neue, diejenigen des Ostens und diejenigen des Westens, können unterschiedlich und gleichberechtigt sein. Diese Erkenntnis kann die ganze Welt für immer verändern und eine echte Grundlage für dauerhaften Frieden und Gerechtigkeit schaffen.

4

Ein Leben ohne Last

Das Leben ist keine Last, wenn man sich selbstbewusst und unabhängig fühlt. Hat man einmal seine Fähigkeit, wunderbare Veränderungen herbeizuführen, konkret erfahren, dann fühlt man sich plötzlich von einer großen inneren Kraft getragen. Hat man Selbstvertrauen, dann sind auch große Probleme im Leben keine schwere Last mehr, sondern vielmehr große Herausforderungen, an denen man wachsen kann. Wird ein Problem für Sie zu einer Belastung und verschließen Sie deswegen Ihr Herz, dann ist dies ein Zeichen dafür, dass Sie die Verbindung zu Ihrer inneren Kraft verloren haben. Sie sollten sich dann erst wieder auf Ihre tatsächlichen Fähigkeiten besinnen, bevor Sie darangehen, in der äußeren Welt etwas zu ändern. Es ist in diesem Fall wichtig, Nachsicht zu üben und loszulassen, damit Sie die Situation richtig erfassen und das Beste aus ihr machen können. Haben Sie die Verbindung zu Ihrem wahren Selbst wieder gefunden, dann spüren Sie auch wieder Frieden, Freude, Selbstvertrauen und Liebe. Diese positiven Empfindungen kommen immer dann an die Oberfläche, wenn Sie die Vergangenheit loslassen und sich darauf konzentrieren, was Sie jetzt, in diesem Augenblick tun können.

Wenn Enttäuschungen die Liebe und das Vertrauen zum Partner blockieren, dann ist dies ein Zeichen für übermäßige Abhängigkeit. Das ist ein altes Verhaltensmuster, von dem man sich aber befreien kann, indem man sich auf sein inneres Potenzial zu Glück und Liebe besinnt. Lernt man, seinem Herzen zu folgen und einfach zu tun, was man wirklich gerne tut, dann nimmt die Abhängigkeit vom Partner ganz von selbst ab. Mehr Selbstbewusstsein macht das Verzeihen leichter, und man lernt zu lieben, als ob es das erste Mal wäre. Besitzt man diese innere Kraft nicht, dann sieht es immer so aus, als ob der Partner, die wirtschaftlichen Verhältnisse oder irgendein äußerer Umstand die Schuld am eigenen Unbehagen hätten. Aber man muss sich klarmachen, dass man immer selbst für sein Befinden verantwortlich ist. Durch innere Einstellungen und Handlungen kann man zwar auf andere Menschen einwirken, aber völlig lässt sich die äußere Welt dadurch nicht beherrschen. Die eigene Innenwelt dagegen lässt sich sehr wohl beherrschen. Jeder kann heute sein inneres Potenzial zu liebevollen und vertrauensvollen Empfindungen nutzen.

Hurricane und die Früchte der Nachsicht

Was Nachsicht bewirken kann, kommt sehr deutlich in der Lebensgeschichte des Boxweltmeisters Rubin »Hurricane« Carter zum Ausdruck. Seine Biografie wurde unter dem Titel *Hurricane* verfilmt. Er war Opfer rassischer Diskriminierung und saß die meiste Zeit seines Lebens unschuldig hinter Gittern. Nach vielen Enttäuschungen und Prüfungen gelangte er schließlich noch im Gefängnis durch Verzeihen zu innerem Frieden. Den Höhepunkt des Films bildet ein Satz, den er noch im Gefängnis sagte: »Hass hat mich hier hereingebracht, aber Liebe wird mich befreien.«

Dieser mutige Mann hatte die Kraft, schwerste Diskriminierung, Ungerechtigkeit und Demütigung zu verzeihen. Er fand schließlich Frieden und empfand in seinem Herzen Liebe für die Menschen, die ihn so ungerecht behandelt hatten. Hurricane war zur Freiheit gelangt, obwohl er noch im Gefängnis saß. Sein persönliches Wunder bestand darin, dass er sich von dem Hass befreite, der, wie er sagte, sein Leben beherrscht hatte. Das zweite Wunder bestand darin, dass er aus dem Gefängnis freikam. Zuerst befreite er sich selbst. Als sich schließlich seine Unschuld herausstellte, kam er auch aus dem Gefängnis frei. Denn als Hurricane anderen ihre Fehler verzieh, konnten diejenigen, die ihm Unrecht taten, ihren Irrtum einsehen. Er war ein Opfer und daher in keiner Weise für die Voreingenommenheit anderer ihm gegenüber verantwortlich, aber er überwand sein Leid durch Nachsicht. Dadurch wuchs auch seine Fähigkeit, Veränderungen in der äußeren Welt herbeizuführen. Seine innere und seine äußere Freiheit waren die Früchte seiner verzeihenden Haltung. Indem er sein Herz verwandelte, konnte er auch die äußere Welt verwandeln. Wenn wir unsere innere Haltung gegenüber der Welt ändern, beginnt die Welt unsere innere Verfassung widerzuspiegeln und sich ihrerseits zu ändern. Man hat zwar niemals die volle Kontrolle über andere, aber man kann seinen Einfluss ganz erheblich steigern.

Vergibt man eine Ungerechtigkeit, dann zieht man noch mehr Gerechtigkeit an. Wenn man nicht verzeiht, zieht man noch mehr Ungerechtigkeit an. Natürlich ist diese Ungerechtigkeit niemals die eigene Schuld, aber irgendwie gerät man immer wieder in dieselben Situationen, wenn man nicht verzeiht. Lernt man zu verzeihen, dann bekommt man vielleicht auch bei größtmöglicher Anstrengung nicht die ganze Gerechtigkeit, die man wirklich verdient hätte, aber man bekommt zumindest mehr Gerechtigkeit.

Hurricanes Verwandlung ist ein Beispiel für Wunder, die heute möglich sind. Jahrtausende lang haben uns spirituelle Traditionen gelehrt, die Beschränkungen der Welt zu akzeptieren und in uns selbst Freiheit und Liebe zu finden. Für spirituelle Menschen im Westen war das Leben etwas, das man in Liebe und Barmherzigkeit erdulden musste, und den Lohn sollte man im Himmel empfangen. Spirituell orientierte Menschen im Osten hofften, durch Erlangung eines inneren Zustands des Gleichmuts und des Mitleids irgendwann *moksha* zu erlangen, die Erleuchtung oder das Nirwana. Beides sind nur verschiedene Bezeichnungen für einen privilegierten Zustand ohne Leid.

Diese eingeschränkten Auffassungen waren für die Menschen jener Zeit vollkommen angemessen, weil sie einfach nicht mehr erhoffen konnten. Die meisten Menschen waren damals noch nicht für ihr höheres Potenzial bereit. Aber heute sind wir soweit, heute können wir uns den Himmel auf Erden schaffen, denn heute ist es einfacher als jemals zuvor, unseren inneren Zustand zu verändern. Mit unseren neuen Fähigkeiten können wir in kurzer Zeit lernen, eine andere Haltung einzunehmen und uns mehr darauf zu konzentrieren, in der äußeren Welt das Wunder einer Veränderung zu vollbringen. Wir brauchen nicht mehr darauf zu warten, bis sich in der äußeren Welt etwas bewegt. Wir können jetzt Hurricanes Beispiel folgen und selbst etwas tun.

Instant Karma:
Die Gegenwart bestimmt die Zukunft

John Lennon machte diesen Gedanken einer schnellen Veränderung mit seinem Lied »Instant Karma« erstmals populär. Der Grundgedanke dabei ist, dass die Welt immer sofort auf unseren inneren Zustand reagiert. Diese Erkenntnis hatte John Lennon den meisten Menschen seiner Zeit voraus. Ihm war bewusst, dass die äußere Welt in jedem Augenblick in irgendeiner Weise seinen inneren Zustand widerspiegelte. Natürlich ist das bei allen anderen Menschen ebenso, nur wissen die meisten nichts davon.

Das Prinzip des Instant Karma besteht darin, dass man, wenn man sich im Inneren wirklich gut fühlt, sofort auch von anderen Menschen positive Signale zurückbekommt. Wenn man nervös und in Eile ist, dann steht man im Supermarkt immer an der Kasse, an der es am längsten dauert. Wenn man zornig ist, dann reizt einen die Umwelt noch mehr. Fühlt man sich als Opfer, dann wird man erst recht wie ein Opfer behandelt. Entspannt man sich dagegen, dann reagiert auch die Umwelt gelassener.

Instant Karma bedeutet letztlich, dass es so aus dem Wald herausschallt, wie man hineinruft, und zwar sofort. Die Welt ist jetzt in diesem Augenblick unser Spiegelbild. Der traditionelle hinduistische Begriff des Karmas und die christliche Auffassung, dass man erntet, was man gesät hat, bringen nur zum Ausdruck, dass man zurückbekommt, was man in der Vergangenheit getan hat. Wenn man Weizen sät, dann bekommt man Weizen. Sät man keinen Weizen, dann bekommt man auch keinen Weizen. Dies war vor Jahrtausenden eine anspruchsvolle Erkenntnis, aber heute begreifen das schon Zehnjährige.

Die moderne Version von Karma ist etwas komplizierter, aber immer noch einfach zu verstehen. Man muss immer noch Weizen säen, um Weizen zu bekommen, aber heute hindert einen nichts mehr daran, Weizen zu säen. Nach dem alten Modell hatte man nicht das Recht, im nächsten Leben Weizen zu säen, wenn man in einem früheren Leben gesündigt hatte. Man musste erst eine Strafe erdulden, bevor man wieder eine neue Chance bekam.

Bleiben wir noch einen Augenblick bei der Analogie des Weizensäens. Wenn man früher Hunger litt, weil man keinen Weizen hatte, dann glaubte man irrigerweise, dass man etwas falsch gemacht hätte und deshalb weniger wert sei als andere, die Weizen hatten. Die reichen Weizenesser waren gewissermaßen die besseren Menschen und hatten eben Gottes Gnadengaben verdient. Keinen Weizen zu haben bedeutete entweder, dass man von Gott bestraft wurde oder einfach nicht in Gottes Gunst stand. Das war damals falsch, und es ist heute ebenso falsch. Heute leuchtet es jedem ein, aber damals konnten es die Menschen noch nicht begreifen. Sie hatten noch

Mühe, das Einmaleins von Ursache und Wirkung zu verstehen.

Eine kurze Geschichte des Karmas

Vor fünftausend Jahren war es ein neuer Gedanke, dass Gutes Gutes hervorbringt und Böses Böses. Im alten Ägypten fühlten sich die Menschen nicht unmittelbar für die Geschehnisse in ihrer Umgebung verantwortlich, sondern sie glaubten, dass ihnen ständig Dämonen und böse Geister nachstellten. Vor diesen negativen Energien konnte man sich nur schützen, wenn man die Götter anflehte.

Mit der Höherentwicklung der Menschheit erkannte man, dass die eigenen Gedanken und Handlungen ebenfalls Einfluss auf das haben, was im eigenen Leben geschieht. Zugleich entwickelte sich die Vorstellung, dass ein einziger Gott in allen geringeren Göttern und auch in den Menschen selbst wohnt. Dieser Übergang ermöglichte die Einsicht in die persönliche Verantwortung für das eigene Leben. Wenn man Gott in sich selbst entdeckt, dann hat man auch Zugang zu der Fähigkeit, kleine und große Wunder zu wirken.

Nachdem der Begriff des Karmas entstanden war, d. h. die Vorstellung von Ursache und Wirkung, konnte sich auch der Begriff der Nachsicht entwickeln. Mit diesem Begriff haben viele Menschen in den letzten zweitausend Jahren gerungen. Es war ein schwieriger Prozess, weil Nachsicht den Gesetzen des Karmas und der Vorstellung von Ursache und Wirkung zu widersprechen schien, die »Auge um Auge« forderte. Weil wir jetzt die Bedeutung der Nachsicht verstehen können, ist die Tür für wunderbare Veränderungen weit geöffnet.

Karma und Strafe

Jede Handlung hat Konsequenzen, aber zugleich hat niemals jemand Strafe verdient. Nachsicht bedeutet in der Praxis, dass man auf die Forderung nach einer Bestrafung verzichtet. Wenn jemand einen riskanten Fahrstil hat, dann besteht die nachsichtige Konsequenz darin, dass ihm der Führerschein entzogen wird, um ihm die Gelegenheit zu geben, vernünftig fahren zu lernen. Liebevolle Nachsicht gibt niemandem das Recht, sich an anderen Menschen zu vergreifen, sondern verschafft die Gelegenheit, eine Situation in einer liebevollen und aufbauenden Haltung zu korrigieren.

Eine praktische Konsequenz der Nachsicht ist auch, dass man den Schmerz hinter sich lassen kann, den einem andere zugefügt haben. Wenn jemandem der Führerschein entzogen wird, dann ist dies keine Strafe, sondern es dient dem Zweck, andere zu schützen, bis der Betreffende fahren lernt. Auf Strafe zu verzichten, gibt uns und der Gesellschaft die Gelegenheit, den »Sünder« auf den Weg der Besserung zu bringen, statt das Problem zu verschärfen.

Reagiert man auf das Fehlverhalten von Menschen mit Strafe, Rachegelüsten und Vorwürfen, dann verletzt man den Betreffenden nicht nur, sondern man gibt ihm auch keine Chance, sich aus seiner Vergangenheit zu befreien. Damit erreicht man aber nichts. Um das Verlangen zu rechtfertigen, andere zu bestrafen und ihnen Schmerz zuzufügen, macht man den eigenen Schmerz größer, als er ist. Man hält an ihm fest, statt ihn loszulassen.

Eine solche Rechtfertigung könnte zum Beispiel so lauten: »Dieser Mensch muss bestraft werden, weil ich wegen seiner Taten niemals mehr glücklich sein kann. Er muss dafür büßen und mir für meinen Schmerz Genugtuung verschaffen. Er hat kein Recht, glücklich zu sein, während ich leiden muss wegen dem, was er mir angetan hat.«

Solches Beharren auf Strafe führt in eine Situation, in der

keiner gewinnen kann. Man selbst verliert, und der Schuldige ebenfalls. Lässt man los, dann gewinnt man dadurch die Freiheit, in der Gegenwart zu leben, aus dem Geschehen das Beste zu machen und wieder nach vorne zu schauen.

Blickt man immer nur auf das, was man verloren hat, oder auf den erlittenen Schmerz, dann zwingt man sich selbst dazu, in der Vergangenheit zu leben. Man kann durchaus an die Vergangenheit zurückdenken und aus ihr lernen, aber an ihr festzuhalten mindert die Fähigkeit, in einer positiven Weise an der eigenen Zukunft zu bauen. Durch ein solches Festhalten gestattet man es anderen, weiterhin auf die eigene Zukunft Einfluss zu nehmen.

———◄◦►———

Solange man nur auf das blickt, was man verloren hat, verurteilt man sich selbst dazu, in der Vergangenheit zu leben.

———◄◦►———

Wenn man an der Auffassung festhält, dass andere Menschen Strafe verdient haben, dann glaubt man auch, dass man selbst Strafe verdient hat. Dies führt dazu, dass man sich selbst bewusst oder unbewusst für begangene Fehler bestraft. Viele gute und liebevolle Menschen halten sich im Leben zurück und können nie ihre wirkliche Macht erfahren, weil sie keinerlei Risiko eingehen wollen. Sie haben Angst, einen Fehler zu begehen und sich in irgendeiner Weise zu kompromittieren. Diese Angst hindert sie daran zu tun, was ihr Herz ihnen sagt.

Fehler gehören aber einfach zum inneren Wachstum. Hat man keine Nachsicht mit Fehlern, dann wird man jedes Risiko vermeiden. Die meisten Menschen glauben, dass sie bei einem Fehler für immer auf alle Liebe und allen Erfolg verzichten müssten. Natürlich können Nachteile eintreten, aber diese haben nicht für alle Zeiten Bestand. Bringt man den

Mut zu Experimenten und zu Fehlern auf, dann öffnet man dadurch die Tür zu raschen und wunderbaren Veränderungen.

Ein allzu starres Festhalten an dem, was sich bisher bewährt hat, blockiert den Strom der Energie, der einen Menschen durchfließt, denn die Seele möchte experimentieren und Neues ausprobieren. Die allmähliche Erschöpfung, die viele Menschen beim Älterwerden verspüren, ist oft nur die Folge einer Blockierung der natürlichen Lebenskraft.

Überholte Vorstellungen von Karma

Die alte Auffassung von Karma lautete, dass die früheren Taten eines Menschen immer wieder auf ihn zurückfallen. Was man in der Vergangenheit getan hat, bestimmt das Schicksal im gegenwärtigen Leben. Die Vergangenheit bestimmt die Zukunft. Diese Auffassung ist letztlich diejenige der Naturwissenschaft. Jeder Aktion entspricht eine gleich große entgegengesetzte Reaktion. Wirft man einen Ball an die Wand, dann prallt er zurück. Sendet man Liebe aus, empfängt man Liebe.

Aber heute sind wir bereit für eine Erweiterung dieser Erkenntnis, und diese lautet: Die Vergangenheit erzeugt die Gegenwart, und die Gegenwart erzeugt die Zukunft.

Wer seine innere schöpferische Kraft zu nutzen lernt, kann im Augenblick leben und bewusst damit beginnen, die eigene Zukunft zu erschaffen. Durch Nachsicht kann man sich vom Einfluss der Vergangenheit lösen und in der Gegenwart etwas Neues schaffen. Solange man andere in der Vergangenheit festhalten will und ihnen Nachsicht verweigert, bleibt man auch selbst in der Vergangenheit gefangen und schafft es nicht, jetzt in diesem Augenblick für sich ein neues Leben zu gestalten.

Die Vergangenheit erzeugt die Gegenwart,
und die Gegenwart erzeugt die Zukunft.

Wenn Ihnen zum Beispiel jemand Geld gestohlen hat, dann ist es besser, dem Betreffenden zu verzeihen, weil Sie sich dann am ehesten darauf konzentrieren können, wie Sie wieder zu Geld kommen. Halten Sie dagegen an Ihrer Verletztheit fest und verschließen Sie Ihr Herz, dann tragen Sie noch lange an diesem Verlust. Wenn Sie sich als Opfer fühlen, ziehen Sie auch weiterhin Situationen an, in denen Sie sich als Opfer fühlen müssen.

Der Fehler der Karma-Theorie liegt darin, dass man ihr zufolge für den Rest des Lebens die Folgen der Vergangenheit tragen muss. Das ist so, als ob jemand, der in eine arme Familie ohne Bildungschancen hineingeboren wurde, nur dadurch glücklich werden könnte, dass er seine Lage akzeptiert. Für uns ist dies heute ein absurder Gedanke, aber jahrtausendelang war diese Vorstellung in der Welt weit verbreitet.

Der alte Karmabegriff besagte, dass die Zukunft von dem bestimmt wird, was man getan oder unterlassen, geglaubt oder nicht geglaubt, gesagt oder nicht gesagt hat. Der neue Begriff des »Instant Karma« bedeutet dagegen, dass die Zukunft von dem bestimmt wird, was wir heute tun, glauben und sagen – und das können wir selbst bestimmen.

Wenn man früher zu einem Heiler ging und nicht geheilt wurde, dann nahm man an, dass dies eine Strafe Gottes sei oder dass man noch mehr leiden müsse, bevor man erlöst oder geheilt werden könne. Jesus, der große Lehrer und Heiler, kam, um diese falsche Auffassung zu beseitigen. Seine Botschaft war, dass allen verziehen wird. Der Gott, von dem er sprach, war kein rächender, sondern ein verzeihender Gott.

Die Menschen, die ihr Herz für Jesus öffneten, wurden ungeachtet ihrer Vergangenheit geheilt.

Karma und persönliche Verantwortung

Vor zweitausend Jahren war Gnade oder die Freiheit von altem Karma, die durch Vergebung erlangt wird, unvorstellbar. Jesus und andere große Lehrer brachten den Menschen diese neue Botschaft, aber die meisten konnten sie nicht verstehen. Dies war ein völlig neuer Gedanke. Moderne Lehrer überbringen heute dieselbe Botschaft, und jetzt können die Menschen sie annehmen. Sie sagen im Grunde nichts Neues, aber weil sich das Weltbewusstsein verändert hat, sind wir jetzt bereit, unser Herz zu öffnen und die Gnade zu erfahren, die uns zuteil wird, wenn wir immer und immer wieder lieben, als ob es das erste Mal wäre.

Früher waren die Menschen gegenüber ihrem wahren Selbst verschlossen, und sie kannten ihre wahren Gefühle nicht. Sie waren sich ihrer inneren Beweggründe, Überzeugungen und Gefühle nicht bewusst, die letztlich ihre Worte und Taten bestimmten. Ohne diese Einsicht in ihre innere Welt konnten sie auch keine Änderungen herbeiführen. Aber je mehr wir uns heute über unsere Gefühle klar werden, desto mehr stellen wir fest, dass unsere eigenen Entscheidungen in der Welt immer auf irgendeine Weise zu uns zurückkehren.

Dies bedeutet nicht, dass wir nun für das Verhalten anderer Leute verantwortlich wären. Es ist einfach so, dass unsere Entscheidungen immer Einfluss auf andere Menschen haben. Wir sind nicht für andere verantwortlich, aber es liegt an uns selbst, ob wir aus einer Situation das Beste oder das Schlechteste machen. Wenn Zorn und Vorurteile die Triebfeder unseres Handelns sind, dann ziehen wir auch Zorn und Vorurteile auf uns. Wenn wir aber aufhören, unser Herz und unsere

Seele zu verschließen, dann entdecken wir, dass auch andere Menschen sich offener verhalten.

Eltern wissen, dass Kinder, die sie mit ganzem Herzen lieben, in ihnen selbst Mitgefühl und Liebe auslösen. Ebenso beeinflusst die innere Haltung die eigene Umwelt, gleichgültig, was man sagt oder tut. Darüber hinaus beeinflusst man die Welt auch mit Gedanken, Gefühlen und Wünschen, derer man sich nicht einmal bewusst ist. Die Wahrnehmung der eigenen tieferen Gefühle ist aber die Voraussetzung dafür, dass man diese ändern und dadurch die Fähigkeit erwerben kann, aus jeder Situation das Beste zu machen.

Hier sind einige Beispiele dafür:

▷ Die Verbindung mit dem eigenen friedlichen Selbst bewirkt nicht, dass die Warteschlange an der Kasse im Supermarkt schneller schrumpft, aber man bekommt dadurch vielleicht die Intuition, sich in einer schneller vorrückenden Reihe anzustellen.

▷ Die Verbindung mit dem eigenen lebensfrohen Selbst bringt einen lieben Menschen nicht wieder ins Leben zurück, aber sie hilft, die Trauer zu heilen und an das Glück zu denken, das man miteinander geteilt hat. Das motiviert dazu, nach vorne zu schauen, das Leben neu zu gestalten und wieder Glück, Freude und Liebe zu finden.

▷ Die Verbindung mit dem eigenen vertrauensvollen Selbst beantwortet einem nicht alle Fragen und bewirkt auch nicht, dass alle Menschen zu einem Vertrauen haben, aber man wird dadurch motiviert, seine eigenen Fehler deutlicher zu sehen. Sie gibt den Mut, um Hilfe zu bitten, wenn dies nötig ist, damit man weniger Fehler macht und das Vertrauen anderer Menschen erwerben kann.

▷ Die Verbindung mit dem eigenen liebevollen Selbst ist keine Gewähr dafür, dass der Partner sich immer liebevoll verhält, aber sie hat Einfluss darauf, wie man etwas sagt und wie man auf Äußerungen seines Partners reagiert. Dadurch kann man den Partner zum Besten inspirieren, was er zur jeweiligen Zeit zu geben hat.

Karma und den Grundsatz der persönlichen Verantwortung im Leben würde man also falsch verstehen, wenn man die Meinung hätte, dass alles das Ergebnis von früherem Karma ist. Es ist jetzt an der Zeit, unser Bewusstsein mit einem offenen Herzen und offenem Verstand auf einen neuen Stand zu bringen, denn wir können jetzt viele Ideen und Möglichkeiten gleichzeitig prüfen. In diesem Zeitalter der kleinen Wunder müssen wir erkennen, dass jede Auffassung, die uns daran hindert, mit uns selbst im Reinen zu sein, und die uns nicht inspiriert, entweder falsch oder einfach ein Missverständnis ist. Jetzt ist die Zeit des großen inneren Frühjahrsputzes. Wir müssen uns von allem befreien, was uns nicht wirklich nützt, um so mehr Raum für unser neues Potenzial zu bekommen, mit dem wir täglich kleine Wunder wirken können.

5

Neun Gruppen
von Grundbedürfnissen

Im Laufe unseres Lebens entwickeln wir neun Gruppen von Grundbedürfnissen, und wenn sie alle befriedigt werden, verleiht uns dies die Fähigkeit zu kleinen Wundern. In jedem einzelnen unserer Lebensabschnitte, die jeweils etwa sieben Jahre dauern, tritt ein bedeutsamer Wandel ein, und es entstehen neue Bedürfnisse. Diese neuen Bedürfnisse bilden in den nächsten sieben Jahren jeweils die stärkste Motivation. Wenn sie befriedigt werden, befähigt uns das, unser altersgemäßes Potenzial zu entwickeln, das die Grundlage für das Erreichen der nächsten Stufe ist.

———◄○►———

In jedem Lebensabschnitt entstehen neue Grundbedürfnisse, die unsere stärkste Motivation bilden.

———◄○►———

Wir brauchen jedoch in jeder Phase entsprechende Unterstützung, weil wir sonst nicht unser ganzes inneres Potenzial verwirklichen können. Dann haben wir es in der nächsten Phase umso schwerer, weil die notwendigen Voraussetzungen fehlen. In einem solchen Fall werden wir tatsächlich durch unsere Vergangenheit behindert. Dieses Hindernis kann jedoch beseitigt werden. Als Erwachsene, die bewusst erkennen, was ihnen früher gefehlt hat, können wir dafür sorgen, dass diese Lücken gefüllt werden und wir bekommen, was uns bisher versagt geblieben ist.

Wenn zum Beispiel ein Kind nicht genügend Schlaf oder

Nahrung bekommt, kann sich sein Körper nicht in der gesunden Weise entwickeln, die ihm eigentlich vorbestimmt ist. Als Erwachsene sind wir aber nicht mehr darauf angewiesen, dass uns unsere Eltern geben, was wir brauchen. Wir können uns viel Schlaf und eine gesunde Ernährung gönnen, und so doch noch die Grundlage für eine strahlende Gesundheit schaffen. Ebenso wirkt es sich nachteilig auf alle späteren Entwicklungsstufen aus, wenn man nicht genügend Liebe und Unterstützung bekommen hat. Viele Hindernisse, mit denen man in der Gegenwart zu kämpfen hat, beruhen auf nicht befriedigten Bedürfnissen der Vergangenheit. Man muss sich also etwas Zeit nehmen und prüfen, wo diese unerfüllten Bedürfnisse liegen, um Klarheit darüber zu gewinnen, was man jetzt in der Gegenwart braucht. Denn jetzt haben wir die Möglichkeit, uns alle Liebe und Unterstützung zu verschaffen, auf die wir früher verzichten mussten.

Hat man einmal erkannt, welche Grundbedürfnisse man in einer bestimmten Altersstufe entbehren musste, dann kann man die verdrängten oder verleugneten Teile seines wahren Selbst an die Oberfläche bringen. Dadurch eröffnen sich in der Gegenwart neue Möglichkeiten zu einem ungeahnten Wachstum. Sobald man beginnt, sich lange Entbehrtes nachträglich zu verschaffen, erlebt man die eigene Fähigkeit, kleine Wunder zu bewirken.

Stufe 1: Verletzlichkeit, Zuwendung und Abhängigkeit

Von der Geburt bis zum achten Lebensjahr folgt man dem Vorbild seiner Eltern. Man lernt vor allem durch Nachahmung. Wenn man von den Eltern geliebt wird, dann lernt man dadurch, dass man Liebe und Unterstützung verdient hat. Wenn die Eltern sich verantwortungsbewusst verhalten, dann lernt man dadurch zu vertrauen.

Bekommt man in den ersten Jahren seines Lebens viel Liebe, dann wagt man es später, verletzlich zu sein und entwickelt eine Wahrnehmung für die eigenen Bedürfnisse. Je mehr man darauf vertraut, dass man seine Bedürfnisse befriedigen kann, desto mehr kann man sich ihrer bewusst werden. Vernachlässigte Kinder wissen sehr oft nicht, was sie wirklich brauchen. Grundsätzlich kann man sagen, dass Suchtverhalten, Misstrauen oder übermäßige Anlehnungsbedürftigkeit dadurch entstehen, dass so grundlegende Bedürfnisse wie liebevolle Zuwendung und Aufmerksamkeit, Verständnis, Sicherheit und Zuverlässigkeit nicht befriedigt wurden.

Wer sich als Kind behütet und umsorgt fühlen durfte, kann später mit Mut und Optimismus in die Zukunft blicken. Man hat ein festes Fundament, um im späteren Leben für sich selbst und andere sorgen zu können. Hatte man als Kind jemanden, der für einen da war, dann hat man im späteren Leben auch keine Schwierigkeiten damit, selbst um Hilfe zu bitten oder für andere da zu sein.

Diese Stufe ist die Basis für das erste Leitprinzip, um kleine Wunder Wirklichkeit werden zu lassen. *Glaube daran, dass Wunder möglich sind.*

Stufe 2: Spaß, Freundschaft und Gegenseitigkeit

Vom achten bis zum fünfzehnten Lebensjahr helfen uns strukturierte Spiele und die Einhaltung ganz bestimmter Regeln, in Sicherheit uns selbst zu erkunden. Im Spiel lernen wir, eine Tätigkeit als solche zu genießen, statt unser Glück von unserer Überlegenheit oder unserem Sieg abhängig zu machen. Wir lernen durch Erfahrung, dass Freundschaft, miteinander teilen und Kooperation die größte Erfüllung bewirken.

Auf der Grundlage von Sicherheit und Unterstützung

durch unsere Freundschaften gelingt es uns in den nächsten sieben Jahren, die Fähigkeit zu entwickeln, das Leben zu genießen, uns zu freuen und glücklich zu sein. Wer sich wirklich freuen kann, kann auch sagen:»Es ist ja nur ein Spiel«, denn für ihn ist das Spielen wichtiger als das Gewinnen.

———◁◦▷———

Als Kinder lernen wir, das Spiel als solches zu genießen, ohne unser Glück vom Sieg abhängig zu machen.

———◁◦▷———

Wächst man mit der Erfahrung auf, dass man nicht gewinnen muss, um geliebt zu werden, dann entwickelt man die Fähigkeit, sich unabhängig vom Ergebnis freuen zu können. Eine wichtige Rolle spielen hier Mannschaftsspiele: Vielleicht ist man nicht stark genug, um selbst zu gewinnen, aber das Team kann es schaffen, und man gehört zum Team. Wenn man gemeinsam verliert, dann weiß man, dass die Niederlage nicht durch Pech oder Unzulänglichkeit verursacht ist. Nimmt man das Ganze spielerisch, dann schätzt man die Unterstützung durch andere und zögert umgekehrt nicht, seinerseits andere zu unterstützen.

Auf dieser Stufe über dem Sicherheitsnetz der unbedingten Liebe der Eltern kann man es wagen, sich selbst immer mehr auszudrücken, ohne sich allzu viele Gedanken darüber zu machen, was andere über einen denken. Weil man noch nicht unter dem Druck steht, sich benehmen, gut aussehen oder sich in einer bestimmten Weise verhalten zu müssen, lernt man allmählich, mit Ursache und Wirkung umzugehen. Man macht die Erfahrung, dass man praktisch für alles, was man gibt, immer etwas zurückbekommt.

Miteinander teilen und Kooperation lernt man leicht, wenn man nicht unter dem Zwang von Verantwortlichkeiten steht.

Heute wird zum Beispiel viel zu viel Wert auf die Mithilfe im Haushalt gelegt. Statt Kinder so zu erziehen, dass es ihnen Spaß macht, den Eltern bei bestimmten Aufgaben zu helfen, übertragen Eltern ihren Kindern Aufgaben, für die sie dann ganz allein verantwortlich sein sollen. Dann schicken sie sie auch noch in Schulen, die oft alles andere als Spaß machen und in denen die Kinder zu viele Hausaufgaben bekommen.

Erziehung ist in diesem Alter oft nicht einfach, aber man sollte unbedingt dafür sorgen, dass die Kinder spielen und sich freuen können. Wenn sie in dieser Phase nicht ausgiebig Gelegenheit zu Spiel, Spaß und Gruppenaktivitäten haben, dann haben sie es oft im späteren Leben schwer, zu genießen oder glücklich zu sein. Bekommt man den Spaß und die Freundschaft, die man in diesem Alter braucht, dann ist man im späteren Leben umso eher bereit, sich auch einmal hinzusetzen und hart zu arbeiten, um den wachsenden Anforderungen des Lebens gerecht zu werden.

Diese Stufe bildet die Grundlage für das zweite Leitprinzip, um kleine Wunder Wirklichkeit werden zu lassen: *Lebe so, als ob du tun könntest, was du willst.*

Stufe 3: Leistung, Selbstvertrauen und Unabhängigkeit

Zwischen dem fünfzehnten und dem dreiundzwanzigsten Lebensjahr hält man sich vor allem an das, was einem selbst richtig erscheint. Man braucht zwar noch die Leitung anderer, aber man tut bevorzugt das, was einem selbst einleuchtet. Wie gut auf dieser Stufe die Entwicklung voranschreitet, hängt vor allem von der Verantwortlichkeit und Fairness der Eltern, Lehrer, Vorbilder und Altersgenossen ab. Ohne eine angemessene und vernünftige Anleitung durch Erwachsene und inspirierende Führungspersönlichkeiten geraten Jugendliche leicht unter einen unguten Gruppenzwang, der ihrer Entwicklung oft nicht förderlich ist.

Hat man als Jugendlicher genügend Motivation und Gelegenheiten, seine Fähigkeiten zu erproben, dann wächst dadurch das Selbstvertrauen. Auf dieser Stufe verlässt man sich schon auf sich selbst und verfolgt beharrlich seine Ziele, ohne Perfektion zu erwarten. Man ist entspannt und gelassen, weil man fähig ist, anderen zu vertrauen und ihre Unterstützung anzunehmen. Deshalb kann man sich auch selbst etwas verzeihen, wenn man Fehler macht. Kompetenz und Selbstvertrauen wachsen, je mehr man sich auf sich selbst verlassen kann. Wenn Eltern und Lehrer Rückschläge einplanen und keine überzogenen Ansprüche stellen, dann können Jugendliche ihr zunehmendes Bedürfnis nach Unabhängigkeit ausleben, ohne rebellieren zu müssen.

Dies ist die Zeit, in der wir unsere Kräfte erproben. Wir sind noch nicht auf uns selbst gestellt, und deshalb sind wir auch von dem ungesunden Druck frei, vollkommen sein zu müssen. Wir lernen aus Fehlern und tun unser Bestes. Lehrer und Vorbilder können eine wertvolle Orientierungshilfe sein, aber es bleibt uns die Freiheit, im eigenen Rhythmus zu lernen.

Diese Stufe ist die Grundlage für das dritte Leitprinzip, um kleine Wunder Wirklichkeit werden zu lassen: *Lerne, als ob du ein Anfänger wärst.*

Stufe 4: Liebe, Erfahrung und Selbstständigkeit

Vom zweiundzwanzigsten bis zum neunundzwanzigsten Lebensjahr folgt man vor allem seinem Herzen. In dieser Phase muss man tun, was man gerne tut, um durch neue Erfahrungen zu wachsen und zu lernen. Man verlässt das Elternhaus und legt allmählich die Abhängigkeit von seinen Eltern ab, um eine gesunde Empfindung der Unabhängigkeit entwickeln zu können. In dieser Phase ist es wichtig, dass die Eltern einerseits ihr Kontrollbedürfnis aufgeben, aber trotzdem noch für die Kinder da sind, wenn es notwendig sein sollte. Idealerweise sollten die Eltern während dieser Zeit noch ein Sicherheitsnetz bilden, das es erlaubt, Risiken einzugehen und das Leben zu erkunden.

Die wachsende Autonomie gibt die Möglichkeit, ohne übergroße Erwartungen und Ansprüche Liebe zu anderen und zu sich selbst zu entwickeln. Man kann das Leben leicht nehmen, weil man noch nicht die Verpflichtungen einer langfristigen Bindung hat. Man kann Verletzungen leicht überwinden, weil man noch nicht so sehr von der Liebe und Unterstützung anderer abhängig ist. Selbst wenn man eine ernsthaftere Verbindung eingeht, kann man eine gesunde Distanz wahren, die beide Partner bei ihrer individuellen Entwicklung nicht behindert.

———◂◦▸———

Die zunehmende Selbstständigkeit ermöglicht es jungen Erwachsenen, ohne übergroße Erwartungen und Ansprüche Liebe zu sich selbst und anderen zu entwickeln.

———◂◦▸———

Das Geheimnis des Wachstums besteht in dieser Phase darin, dass man die Abhängigkeit von anderen aufgibt und seine Selbstständigkeit entdeckt. Früher konnten die meisten Frauen diese Erfahrung nicht machen. Weil sie nicht wirklich frei waren, waren sie allzu abhängig von Männern und dem, was diese ihnen bieten konnten. Zum Glück erheben Frauen heute den Anspruch auf Gleichberechtigung. Diese Haltung befreit sie von übertriebenen Erwartungshaltungen gegenüber ihrem Lebenspartner.

Menschen, die nicht ihrem Herzen folgen, sind oft sich

selbst oder anderen gegenüber allzu kritisch. Die neue Freiheit, zu erkunden, wer wir sind und was wir erreichen können, stärkt unsere Selbstachtung. Indem wir tun, was wir wollen, und nicht, was andere von uns erwarten, entwickeln wir Selbstwertgefühl. Ist man mit sich selbst im Reinen, ohne allzu sehr von anderen abhängig zu sein, dann hat man wirklich die Freiheit, die Fülle neuer und aufregender Möglichkeiten zu schätzen und zu nutzen.

Diese Stufe liefert die Grundlage für das vierte Leitprinzip, um kleine Wunder Wirklichkeit werden zu lassen: *Liebe, als ob es das erste Mal wäre.*

Stufe 5: Intimität, Kommunikation und Großzügigkeit

Vom neunundzwanzigsten bis zum sechsunddreißigsten Lebensjahr folgt man vor allem seinem Gewissen. Man lernt zu tun, was man selbst für richtig hält, unabhängig davon, was andere tun oder sagen. Geht man mit einem anderen Menschen eine Liebesbeziehung ein und kann man diesen auch noch lieben, nachdem man dessen gute und schlechte Seiten kennen gelernt hat, dann ist diese Liebe echt und dauerhaft. Auch eine Zurückweisung führt nicht dazu, dass man dem anderen die Liebe versagt. Wenn man verletzt wird, fühlt man sich nicht berechtigt, ebenfalls zu verletzen. Damit erringt man eine große innere Freiheit, weil man sich nicht mehr von anderen zwingen lässt, weniger zu geben, als man geben will. Wenn ich zum Beispiel den Entschluss gefasst habe, großzügig zu sein, und jemand macht einen Fehler oder beleidigt mich, dann kann ich trotzdem weiterhin großzügig sein. Ich brauche mich nicht dazu erniedrigen, auf Rache oder auf Strafe zu bestehen.

Vor dieser Stufe war es wichtig, für jeden und alle Möglichkeiten offen zu sein, aber jetzt ist man so weit, dass man dem einen Menschen mehr von sich gibt, dem anderen weniger. Man gibt aus freier Entscheidung, nicht in Abhängigkeit davon, wie man von einem anderen Menschen behandelt wird. Dies ist die Basis jeder gelungenen Liebesbeziehung: Man gibt einem Menschen einen besonderen Platz vor allen anderen.

Wenn ich eine Million Dollar zu verschenken habe und diese auf eine Million Menschen verteile, dann bekommt jeder einen Dollar. Dies ist aber weder für mich noch für die Empfänger besonders erfreulich oder befriedigend. Wenn ich aber die Million einem Menschen schenke, dann haben wir beide viel mehr davon.

Eine Liebesbeziehung zu haben heißt, die Million einem einzigen Menschen zu geben. Eine ausschließliche, monogame Beziehung bietet einem Paar die Möglichkeit, gegenseitige Liebe und Unterstützung in höchstem Maße zu erfahren. Wer in dieser Weise mehr gibt, kann die Erfahrung machen, dass er immer noch mehr geben kann.

———◄◦►———

Eine ausschließliche, monogame Beziehung bietet einem Paar die Möglichkeit, gegenseitige Liebe und Unterstützung in höchstem Maße zu erfahren.

———◄◦►———

Wenn man einmal eine gesunde Selbstständigkeit und Unabhängigkeit entwickelt hat, kann man sich auch selbst lieben, ohne von Liebesbeweisen des Partners abhängig zu sein. Statt vom Partner Liebe und Unterstützung zu verlangen, hat man auf dieser Stufe vor allem das Bedürfnis, Liebe zu geben. Wenn die Liebe wächst, erlangt man die Fähigkeit, in allen Bereichen großzügig zu geben, auch wenn die Umstände einmal nicht ideal sind.

Mit der Erfahrung größerer Intimität, die in einer reifen Beziehung entsteht, kann man seine Fähigkeit zur Verbun-

100

denheit mit anderen Menschen weiter ausbauen. Je besser man die eigenen Beschränkungen und diejenigen des Partners kennt, desto größer wird die Bescheidenheit und Großzügigkeit. Diese neue Offenheit lässt das Mitgefühl wachsen, so dass man das Anderssein des Partners respektieren und gemeinsam etwas Größeres schaffen kann, als man allein erreichen könnte.

Diese Stufe liefert die Grundlage für das fünfte Leitprinzip, um kleine Wunder Wirklichkeit werden zu lassen: *Gib, als ob du schon hättest, was du brauchst.*

Stufe 6: Verantwortungsgefühl, Pflichtbewusstsein und Verbundenheit

Vom sechsunddreißigsten bis zum dreiundvierzigsten Lebensjahr gehorcht man vor allem seinem Pflichtgefühl. Dies ist die Zeit, eine über sich selbst und seinen Lebenspartner hinausreichende Verantwortung zu übernehmen. Man macht Zusagen und geht Verpflichtungen ein, und man bemüht sich nach Kräften, diese einzuhalten. Dadurch wächst die Liebe und bewirkt man etwas in der Welt.

Durch die Erfahrungen der Kindererziehung und die wachsenden Verpflichtungen, die man als Mittdreißiger übernimmt, erwacht ein größeres Verantwortungsgefühl. Mit einem gesunden Selbstwertgefühl ausgestattet, bestimmt man selbst in freier Entscheidung, nicht durch Verpflichtung, wie viel man anderen geben will. Jetzt kann man Verantwortung für andere übernehmen, ohne sich selbst zu verlieren oder mehr zu versprechen, als man halten kann.

Ein größeres Verantwortungsbewusstsein für andere Menschen führt zu größerer Weisheit und einer inneren Orientierung, die es erlaubt, für eigene Fehler einzustehen und diese zu berichtigen. Tut man dies, ohne sich dabei aufzuopfern, dann wächst auch der eigene Einfluss auf die Welt. Das eigene Potenzial wird nicht nur verwirklicht, sondern kann sogar noch wachsen. Auf dieser Stufe fängt man an, der Welt seinen Stempel aufzudrücken.

Mit wachsendem Verantwortungsgefühl wächst auch die Einsicht, dass man in allen Situationen, mit denen man es zu tun bekommt, selbst erheblichen Anteil an einem guten oder schlechten Ausgang hat. Man kann seine Stärken richtig einschätzen, aber auch seine Schwächen und Grenzen.

Als ich selbst damit zu kämpfen hatte, meinen Verpflichtungen gegenüber meiner Arbeit, meiner Frau und meinen Kindern gleichermaßen nachzukommen, entdeckte ich, dass mir plötzlich sehr viel mehr Energie zur Verfügung stand, als ich gedacht hatte. Ich hatte das Vertrauen, dass sich der Erfolg schon einstellen würde, wenn ich mich zuerst um meine Familie kümmern würde. Und so war es auch.

Als dann der Erfolg kam, bestand meine größte Herausforderung darin, den Versuchungen des Erfolgs nicht zu erliegen und meine Prioritäten zu wahren. Dies gelang mir, indem ich meiner Arbeit niemals den Vorrang gegenüber meiner Familie gab. Ohne eine gute Kommunikation mit meiner Frau bezüglich ihrer Wünsche und der Bedürfnisse der Kinder hätte ich niemals erreicht, was ich erreicht habe. Indem ich das Gleichgewicht wahrte, konnte ich nach und nach meine innere Kraft und meinen Erfolg weiter ausbauen. Und indem ich weiterhin im Rahmen meiner finanziellen Möglichkeiten lebte, war es nicht schwierig, der Familie und nicht dem Geld den Vorrang zu geben.

Diese Stufe liefert die Grundlage für das sechste Leitprinzip, um kleine Wunder Wirklichkeit werden zu lassen: *Arbeite, als ob Geld keine Rolle spielen würde.*

Stufe 7: Dienen, Teilnahme und Kreativität

Vom dreiundvierzigsten bis zum fünfzigsten Lebensjahr folgt man vor allem seinen Träumen. In der Jugend lernt man, unabhängig und autark zu sein. Man erprobt seine Kraft und versucht, sein inneres Potenzial auszuloten und zu entwickeln. Ab dem dreißigsten Lebensjahr nutzt man dieses Potenzial, um großzügig zu geben, ohne sich auf andere zu stützen. Dadurch lernt man, seine innere kreative Kraft zu erkennen und auszudrücken. Diese Erfahrung geht einer Zeit vermehrter Selbstlosigkeit und der Bereitschaft voraus, anderen zu dienen.

Tief in sich trägt jeder Mensch den Wunsch, in der Welt etwas zu bewirken. Man möchte vielleicht ein Buch schreiben, sich selbstständig machen, ein Heilverfahren entdecken, den Obdachlosen helfen, ein öffentliches Amt bekleiden oder eine Erstbesteigung machen. Dieser Traum könnte auch darin bestehen, anderen direkt zu helfen oder ihnen Inspiration zu geben. Je mehr man fähig ist, sich selbst zurückzunehmen, desto schöpferischer kann man sein. Und diese Kreativität schafft gerade die Voraussetzung für die Verwirklichung der eigenen Träume.

———◄◦►———

Tief in sich trägt jeder Mensch den Wunsch,
in der Welt etwas zu bewirken.

———◄◦►———

All diesen Träumen liegt der Wunsch zugrunde, die eigene Gemeinschaft und die Welt in einer positiven Weise zu beeinflussen. Auf dieser siebten Stufe findet man seine Erfüllung vor allen Dingen im Dienst an anderen und in konkreten Leistungen für die Welt. Der persönliche Lohn dafür ist mehr Kreativität, denn diese wächst, wenn man sich bewusst sei-

103

nem tief im Innern verankerten Verlangen zuwendet, in der Welt etwas zu bewirken. Natürlich gilt dieses Prinzip für alle Entwicklungsstufen, aber es ist besonders im fünften Lebensjahrzehnt wichtig.

Ist der Dienst an anderen das Wichtigste, ist einem der Erfolg des eigenen Tuns nicht mehr so wichtig. Man kann sich von der Neigung befreien, das zu wiederholen, was in der Vergangenheit Erfolg gebracht hat, und in jedem Augenblick kreativ agieren. Diese Kreativität ist nicht auf künstlerische oder therapeutische Tätigkeiten beschränkt. Sie ist die viel weiter reichende Fähigkeit, an jede neue Situation unbelastet und mit einem neuen Ansatz heranzugehen, wenn dies nötig ist. Man ist jederzeit zu den nötigen Anpassungen bereit, um Probleme zu lösen und die Welt zu einem freundlicheren Ort machen zu können.

Diese gesteigerte Kreativität liefert die Grundlage für das siebte Leitprinzip, um kleine Wunder Wirklichkeit werden zu lassen: *Entspanne dich, als ob alles in Ordnung wäre.*

Stufe 8: Spiritualität, Heilen und Gleichgewicht

Vom fünfzigsten bis zum siebenundfünfzigsten Lebensjahr gehorcht man vor allen Dingen seiner höheren Macht. Man kann diese höhere Macht »Gott« nennen oder ihr auch einen anderen Namen geben. In der Jugend hat man Gott vielleicht um Hilfe gebeten, aber in dieser Phase des Lebens ist man endgültig erwachsen geworden und bittet jetzt die höhere Macht darum, ihr dienen zu dürfen. Natürlich kann man das auch schon in früheren Phasen tun, aber jetzt ist der Wunsch zu dienen ein vordringliches Bedürfnis.

Das bedeutet nicht, dass man all seine übrigen Bedürfnisse aufgeben müsste. Es bedeutet einfach, dass man die größte Erfüllung dadurch erlangt, dass man etwas für sich selbst und für andere tut. Die Herausforderung auf dieser Stufe besteht darin, hier ein gesundes und heilsames Gleichgewicht zu finden. Auf dieser Stufe erwirbt man immer mehr die Fähigkeit, Situationen als Geschenke und Lehren zu begreifen. Herausforderungen werden zu Gelegenheiten, Gott zu dienen statt nur sich selbst.

Einer der Gründe dafür, warum kleine Kinder das Guck-Guck-Spiel lieben, liegt darin, dass ihr Gehirn noch nicht vollständig entwickelt ist. Sie können einfach noch nicht begreifen, dass man noch da ist, obwohl sie einen nicht mehr sehen können. Versteckt man sich vor einem Kind, dann ist man für es wirklich verschwunden. Zeigt man sich ihm dann wieder, dann glaubt es, dass man plötzlich aus dem Nichts zurückgekehrt ist. Dieses geheimnisvolle Geschehen bringt Kinder zum Lachen und bereitet ihnen großen Spaß.

Mit fortschreitender Entwicklung des Gehirns kann das Kind begreifen, dass man noch da ist und dass es nicht allein ist, auch wenn es einen nicht mehr sehen kann. An diesem Punkt der Gehirnentwicklung ist sich das Kind sicher, dass Mama oder Papa irgendwo im Haus sind, auch wenn sie nicht im Zimmer sind.

Ganz ähnlich verhält es sich mit unserem spirituellen Wachstum. Was die Erkenntnis Gottes betrifft, sind wir wie Kinder. In jüngeren Jahren erscheint es uns schwer vorstellbar, dass Gott existiert, obwohl wir ihn nicht sehen können. Wenn wir Zeuge von Gottes Wundertaten werden, erfüllt uns dies mit Erstaunen und Ehrfurcht. Schließlich beginnen wir wahrzunehmen, dass Gott immer gegenwärtig ist und dass wir auf Gottes Unterstützung zählen können, wann immer wir sie brauchen.

Als meine Kreativität als Schriftsteller einsetzte, war ich sehr glücklich, aber auch verwirrt. Nachdem ich einmal einen ganzen Tag wie im Rausch geschrieben hatte, war ich am nächsten Tag verunsichert. Ich las, was ich geschrieben hatte, und dachte mir:»Ich weiß nicht, wie ich das gemacht habe, und ich weiß nicht, ob mir so etwas jemals wieder gelingen wird.« Aber als ich mich entspannt hatte und schließlich das Vertrauen gewann, dass ich nur ruhig zu sein und um Hilfe zu bitten brauchte, gelang es mir immer wieder.

Als ich die ersten erfolgreichen Vorträge hielt, war ich vorher jedes Mal sehr aufgeregt, weil ich nicht wusste, wie ich die Menschen zum Lachen bringen sollte. Aber sobald ich vor dem Publikum stand, gelang es mir einfach, und der Strom der Kreativität setzte ein. So gewann ich immer mehr das Vertrauen, dass meine Kreativität mich nicht verlassen würde, und ich machte mir keine Sorgen mehr. So kam ich schließlich zu der Einsicht, dass letztlich Gott es ist, der durch uns und mit uns schöpferisch ist. Auf diese Weise sind wir immer Partner Gottes. Wir tun Dinge, aber wir tun sie nicht allein.

————◀◦▶————

Mit dem Erfolg kommt man zu der Einsicht,
dass letztlich Gott es ist,
der durch uns und mit uns schöpferisch ist.

————◀◦▶————

Dieses Paradoxon kann man recht gut mit Hilfe einer ganz alltäglichen Erfahrung erklären. Wenn man Auto fährt, dann fährt man das Auto. Aber aus einer anderen Perspektive wird man vom Auto gefahren und dorthin gebracht, wo man sein möchte. Beide Auffassungen sind richtig. Man lässt das Auto an, gibt Gas und bremst, man lenkt, aber letztlich ist es der Motor, der einen in Bewegung versetzt. In ähnlicher Weise »fahren« wir zwar die Straße unseres Lebens entlang, aber Gott ist der Motor, der uns ans Ziel bringt.

In jüngeren Jahren achtet man sehr darauf, was man selber tut, aber wenn man älter wird, sieht man immer deutlicher, was Gott tut. Und dieses gewachsene Bewusstsein für Gott ist die Grundlage für die kleinen Wunder des Alltags. Akzeptiert man die Möglichkeit nicht, dass Gott einem helfen kann, dann beschneidet man seine eigenen Möglichkeiten. Und

wenn man umgekehrt erwartet, dass Gott einem alles abnimmt, dann klappt dies auch nicht. Wunder können nur geschehen, wenn man sie zusammen mit Gott vollbringt.

———◄○►———

Akzeptiert man die Möglichkeit nicht,
dass Gott einem helfen kann,
dann beschneidet man seine eigenen Möglichkeiten.

———◄○►———

Wenn man jenseits der dreißig mehr von sich selbst gibt und
mehr Verantwortung übernimmt, dann stärkt man sich dadurch. Der Erfolg im Leben lässt das Bedürfnis entstehen, die
Geschenke, die man empfangen hat, in ähnlicher Form wieder zurückzugeben. Dient man jenseits der vierzig anderen
und sorgt man zugleich weiterhin für seine eigenen Bedürfnisse, kann man einen ganz erheblichen Zuwachs an Kreativität, Liebe und Erfolg erfahren. Gibt man Empfangenes wieder zurück, dann befreit man sich von den Beschränkungen
seiner Individualität und wird dafür reich belohnt.

———◄○►———

Erfolg im Leben lässt das Bedürfnis wach werden,
durch Dienen zurückzugeben,
was man selbst empfangen hat.

———◄○►———

Man wird in natürlicher Weise immer spiritueller, ob man
nun an Gott glaubt oder nicht. Je mehr man seinen eigenen
inneren Genius wahrnimmt, desto mehr erkennt man überall
die Wunder Gottes und ist fähig, kleine Wunder Wirklichkeit
werden zu lassen.

Die Zunahme an Spiritualität, innerer Gesundheit und
Gleichgewicht auf dieser Stufe schaffen die Basis für das achte
Leitprinzip: *Sprich zu Gott, als ob du erhört werden würdest.*

Stufe 9: Sein, Erfüllung und Wachstum

Ab dem siebenundfünfzigsten Lebensjahr folgt man hauptsächlich seiner inneren Bestimmung. Auf dieser Stufe entdeckt man, dass man weder ein bestimmtes Ziel hat noch bestimmten Erwartungen genügen muss. Es genügt einfach, man selbst zu sein. Man erkennt, dass alles, was man braucht, schon vorhanden ist, und dass man Gott, der Welt und sich selbst am besten dient, indem man einfach man selbst ist. Dann strebt man ganz von selbst seinem Lebensziel und seiner Erfüllung entgegen.

Auf dieser Stufe ist man ganz von dem persönlichen Bedürfnis frei, Umstände verändern oder irgendwohin gelangen zu wollen. Alles, was einem begegnet, bringt Erfüllung, weil es hilft, wieder ein Stück von einem selbst zu verwirklichen. Wenn dies zur alltäglichen Erfahrung wird, dann weiß man, dass jeder Augenblick einen neuen Teil von dem Menschen zum Vorschein bringt, der man wirklich ist.

———◄○►———

Jeder Augenblick ist entweder die Erfüllung eines
Wunsches oder eine Herausforderung,
die unsere Seele stärker machen kann.

———◄○►———

Ab dieser Stufe gibt es keine bestimmten Zielsetzungen mehr, sondern das Leben ist ein großes und wunderbares Geheimnis, das uns immer wieder überrascht. Es ist, als ob man in einem Boot sitzt und sich einen Augenblick entspannen würde, und dann entdeckt man, dass der Fluss einen von selbst ans Ziel führt. Man weiß nicht, wo das Ziel liegt, aber man hat das Vertrauen, dass der Fluss einen auch weiterhin tragen wird, wie er dies immer getan hat.

Auf dieser Stufe erkennt man, dass nichts gewiss ist, weil

sich das Leben ständig ändert. Zugleich macht man die Erfahrung, dass man von allem, was einem geschieht, in irgendeiner Weise profitieren kann und profitiert.

Einfach man selbst zu sein bedeutet nicht, dass man den ganzen Tag passiv herumsitzt und nichts tut. Man bleibt der, der man immer war, mit allen Wünschen, Bedürfnissen, Absichten, Vorlieben, Gedanken und Gefühlen. Es gibt aber einen großen Unterschied: Erfüllung findet man vor allem darin, das man unter allen Umständen immer sich selbst treu bleibt.

Die unglaubliche Erfüllung, die auf dieser Stufe möglich ist, entsteht durch die Einsicht, dass jeder Augenblick eine Gelegenheit bietet, sein höchstes Selbst zum Ausdruck zu bringen. Dies klingt fast so, als ob dies ein idealer Zustand wäre, aber das ist nicht der Fall. Es kann geschehen, dass man von anderen Menschen zurückgestoßen oder verachtet wird, aber man findet dann Erfüllung durch die Erfahrung der Liebe und Nachsicht, die aus dem eigenen Herzen aufsteigen.

Im Leben gibt es immer noch Siege und Niederlagen, Lust und Schmerz, aber auf dieser Stufe hat man Erfüllung erreicht, weil die richtige Reaktion aus dem eigenen Herzen kommt. Muss man zum Beispiel den Schmerz eines Verlusts ertragen, dann ist das Herz zugleich von einer Welle der Dankbarkeit für das erfüllt, was man verloren hat. Dadurch sind die äußeren Umstände nicht mehr so wichtig, wie sie früher waren.

Jede Situation wird zu einer Gelegenheit, mehr Gelassenheit, Freude, Vertrauen, Liebe, Geduld, Optimismus, Kraft, Bescheidenheit, Erfüllung, Inspiration, Mut und Unschuld zu verwirklichen. Diese zwölf Grundmerkmale unseres wahren Selbst können in allen Situationen erscheinen, in schwierigen und einfachen, in positiven und negativen.

Leider können die meisten Menschen dieses Lebensalters diese Erfüllung nicht erleben, weil sie noch nicht erfahren haben, wer sie sind und wie sie in schwierigen Zeiten Zugang zu ihrem wahren Selbst finden. Wenn man allerdings diese Fähigkeit einmal entwickelt hat, dann kann man jedes Hindernis auf der Straße des Lebens als etwas Erfüllendes erleben, weil es die Gelegenheit bietet, einfach man selbst zu sein und die Reise zu genießen.

Diese Erkenntnis auf der neunten Stufe ist die Grundlage, auf der man das neunte Leitprinzip ganz leben und erleben kann: *Lasse es dir gut gehen, als ob du dir alles leisten könntest.*

Die neun Entwicklungsstufen und ihre Bedürfnisse

Stufe 1:
Unter sieben Jahre: Den Eltern folgen.
Bedürfnisse: Verletzlichkeit, Zuwendung und Abhängigkeit
Stufe 2:
Sieben bis vierzehn Jahre: Sich von Regeln leiten lassen.
Bedürfnisse: Spaß, Freundschaft und Gegenseitigkeit.
Stufe 3:
Vierzehn bis einundzwanzig Jahre: Dem Verstand gehorchen.
Bedürfnisse: Leistung, Selbstvertrauen und Unabhängigkeit.
Stufe 4:
Einundzwanzig bis achtundzwanzig Jahre: Dem Herzen folgen.
Bedürfnisse: Liebe, Erfahrung und Selbstständigkeit.
Stufe 5:
Achtundzwanzig bis fünfunddreißig Jahre: Dem Gewissen folgen.
Bedürfnisse: Intimität, Kommunikation und Großzügigkeit.

Stufe 6:
Fünfunddreißig bis zweiundvierzig Jahre: Die Pflicht tun.
Bedürfnisse: Verantwortungsgefühl, Pflichtbewusstsein und Verbundenheit.

Stufe 7:
Zweiundvierzig bis neunundvierzig Jahre: Den Träumen folgen.
Bedürfnisse: Dienen, Teilnahme und Kreativität.

Stufe 8:
Neunundvierzig bis sechsundfünfzig Jahre: Der höheren Macht bzw. Gott folgen.
Bedürfnisse: Spiritualität, Heilen und Gleichgewicht.

Stufe 9:
Ab sechsundfünfzig Jahren: Dem Schicksal folgen.
Bedürfnisse: Sein, Erfüllung und Wachstum.

6

Der Balanceakt des Lebens

Wir müssen unser Leben lang auf jeder Stufe unserer Entwicklung unterschiedliche Bedürfnisse ausbalancieren. Auch wenn eine Bedürfnisgruppe jeweils im Vordergrund steht, darf man die übrigen doch nicht vernachlässigen. Dies fällt leichter, wenn man weiß, wonach man suchen muss, und wenn man es sich erlaubt, unterschiedliche Bedürfnisse zu haben.

Diese Aufgabe kann man mit einem Zirkusartisten vergleichen, der neun Teller auf neun Stäben kreisen lässt. Er versetzt zunächst den ersten Teller auf dem ersten Stab in Drehung. Solange der Teller in Bewegung ist, bleibt er im Gleichgewicht. Wird die Drehung langsamer, beginnt er zu taumeln und fällt schließlich zu Boden. Durch das Kreisen kann er im Gleichgewicht gehalten werden.

Wenn der erste Teller kreist, fängt der Artist mit dem nächsten an. Bevor er dann den dritten Teller zum Kreisen bringt, muss er kurz wieder dem ersten Teller neuen Schwung geben, damit die Drehung nicht aufhört. Dann kommt endlich der dritte Teller an die Reihe, aber wenn dieser läuft, brauchen der erste und zweite Teller noch einmal Schwung. Dann kommt der vierte Teller an die Reihe. So bringt der Artist schließlich alle neun Teller zum Kreisen. Damit alle weiterkreisen, muss er ständig von einem Teller zum anderen wechseln. Wenn ein Teller zu taumeln beginnt, gibt er ihm wieder einen neuen Impuls. Achtet er so auf alle Teller gleichzeitig, bleiben sie in Bewegung – und das Publikum klatscht begeistert Beifall.

Vor einer ähnlichen Aufgabe steht man im Leben. Hält man alle »Teller« am Laufen, dann hat man damit die Grundlage, um in allen Lebensbereichen kleine Wunder Wirklichkeit werden zu lassen. Jeder Mensch hat diese neun »Teller«. Weil aber jeder Mensch einmalig ist, sind die »Teller« von verschiedener Größe. Der eine braucht vielleicht besonders viel Liebe und Nähe, der andere mehr Arbeit und Vergnügen. Der Dritte hat vielleicht ein Verlangen nach Spiritualität. So gibt es unendlich viele Kombinationen und Möglichkeiten. Jeder kann im Leben Erfolg und Erfüllung erreichen, aber für jeden führt ein anderer Weg dorthin.

Es ist nicht immer leicht, die eigenen Bedürfnisse zu erkennen. Vielleicht kennen auch Sie die Erfahrung, dass Sie etwas unbedingt haben wollten, und als Sie es hatten, befriedigte es Sie nicht? Sie haben geglaubt zu wissen, was gut für Sie ist, aber dann haben Sie entdeckt, dass es Ihnen eher schadet. So ist zum Beispiel Essen ein vernünftiges Bedürfnis, aber wenn Sie nicht auch Ihre anderen Bedürfnisse befriedigen, dann wird Essen vielleicht zu einer Ersatzbefriedigung.

Oft macht man sich das Leben unnötig schwer, weil man ein Bedürfnis in den Vordergrund stellt und die übrigen vernachlässigt. Man lässt also einen Teller kreisen, fühlt sich aber schlecht, weil die anderen ständig zu Boden fallen. Solange man nicht auch die anderen Teller im Auge behält, hofft man vergeblich, dass ein einziger Teller die ganze Befriedigung verschaffen könnte, die man braucht.

Wenn Sie nicht genau wissen, was Sie wirklich brauchen, und die benötigte Unterstützung nicht bekommen, ist es sehr schwierig, von einem ungesunden Verlangen loszukommen. Aber diese schwierige Aufgabe fällt Ihnen ganz leicht, wenn Sie sich zuerst klar machen, dass das, wonach Sie jetzt verlangen, nicht gut für Sie ist. Und dann müssen Sie prüfen, was Sie wirklich brauchen.

Es gibt vier deutliche Hinweise darauf, dass Sie Ihre Bedürfnisse am falschen Ort zu befriedigen versuchen. Wenn diese Hinweise gegeben sind, dann taumeln einige Teller, und Sie müssen ihnen wieder Aufmerksamkeit zuwenden. Diese vier Hinweise sind:

1. Sie fühlen sich überlastet, nervös, leer, unter Druck, gelangweilt, verzweifelt, rastlos, gereizt, beleidigt oder angespannt.
2. Sie haben emotionale Probleme und sind zornig, traurig, ängstlich, betrübt, frustriert, enttäuscht, besorgt, verletzt, beschämt oder geraten leicht in Panik.
3. Sie finden keinen Zugang mehr zu positiven Gefühlen wie Freude, Vertrauen, Liebe, Geduld, Optimismus, Stärke, Bescheidenheit, Erfüllung, Inspiration, Mut und Unschuld. Diese Eigenschaften Ihres wahren Selbst sind oft blockiert, wenn Sie Emotionen spüren wie Groll, Niedergeschlagenheit, Verwirrung, Gleichgültigkeit, Unentschlossenheit, Perfektionismus, Eifersucht, Selbstmitleid, Angst und Schuldgefühle.
4. Sie sind krank und leiden unter chronischen Schmerzen, physischer Schwäche oder ständiger Müdigkeit.

Diesen vier inneren Zuständen liegen vier hemmende Einstellungen zugrunde, die dazu führen, dass Sie Befriedigung am falschen Ort suchen:

1. Wenn Sie mehr wollen, als Sie ohne übergroße Kraftanstrengung bekommen können, dann beachten Sie dabei meistens die anderen Bedürfnisse zu wenig.
2. Wenn Sie die ganze Zeit daran denken, dass Sie nicht bekommen haben, was Sie haben wollten, dann ist das, wonach Sie sosehr verlangen, vielleicht nicht das richtige Bedürfnis. Es ist oft unrealistisch, und letztlich wird es Ihnen keine dauerhafte Befriedigung verschaffen.
3. Sehnen Sie sich nach einem früheren Zustand zurück, wenn Sie gerade etwas Neues bekommen haben, oder ver-

gleichen Sie ständig die Gegenwart mit der Vergangenheit, dann wollen Sie offenbar etwas, was Sie gar nicht brauchen.

4. Nehmen Sie das, was Sie haben, für selbstverständlich und schätzen Sie nicht wirklich, was Sie bekommen, dann kennen Sie Ihre wahren Bedürfnisse nicht.

Neun Lebensillusionen

Bei jedem Menschen sind die neun Stufen von Grundbedürfnissen jeweils unterschiedlich ausgeprägt. Der eine braucht unbedingt menschliche Nähe und Liebe, aber weniger persönlichen und beruflichen Erfolg. Ein anderer braucht mehr Spiritualität und weniger menschliche Nähe. Kümmert man sich um jedes Bedürfnis in der angemessenen Weise, dann erreicht man die größte Zufriedenheit.

Das ist im Grunde ein einfacher Gedanke, aber viele verstehen ihn trotzdem nicht. Wer ständig Schwierigkeiten hat, ein bestimmtes Bedürfnis zu befriedigen, oder wem es einfach nicht gelingen will, etwas Bestimmtes zu bekommen, der bemüht sich in der Regel um das Falsche. Man ist der irrigen Annahme, dass man umso glücklicher wird, je mehr man ein bestimmtes Bedürfnis befriedigt, aber in Wirklichkeit braucht man etwas ganz anderes.

Ein solches Verhalten führt dazu, dass man ein Leben lang den falschen Bedürfnissen hinterherrennt und doch nie Zufriedenheit erreicht. Diese neun Lebensillusionen sind:

1. Wenn mich Zuwendung glücklich macht, dann macht mich mehr Zuwendung noch glücklicher.
2. Wenn mich Spielen glücklich macht, dann macht mich mehr Spielen noch glücklicher.
3. Wenn mich Leistung glücklich macht, dann macht mich mehr Leistung noch glücklicher.

4. Wenn mich Unabhängigkeit glücklich macht, dann macht mich mehr Unabhängigkeit noch glücklicher.
5. Wenn mich Intimität glücklich macht, dann macht mich mehr Intimität noch glücklicher.
6. Wenn mich Verantwortung glücklich macht, dann macht mich mehr Verantwortung noch glücklicher.
7. Wenn mich Dienen glücklich macht, dann macht mich mehr Dienen noch glücklicher.
8. Wenn mich spirituelles Wachstum glücklich macht, dann macht mich mehr spirituelles Wachstum noch glücklicher.
9. Wenn es mich glücklich macht, so zu sein wie ein anderer, dann macht es mich noch glücklicher, noch mehr so zu sein wie ein anderer.

Diese Auffassung, dass »mehr« immer »besser« ist, ist eine große Täuschung. Mehr von etwas zu wollen, von dem man nicht mehr braucht, ist eine der Hauptursachen für alles Unglücklichsein. Wenn man nach dem strebt, was man wirklich braucht, dann wird man genau damit glücklich und hat mehr überhaupt nicht nötig.

———◁○▷———

Die Auffassung, dass »mehr« immer auch »besser«
sei, ist eine große Täuschung.

———◁○▷———

Wenn ein Auto kein Öl mehr hat, wenn der Kühler dampft oder ein Reifen platt ist, dann sollte man nicht mehr fahren, bis das Auto wieder repariert ist. Ebenso sollte man bei Stress und emotionaler Anspannung versuchen, die Ursache herauszufinden und diese zu beseitigen, bevor man irgendwelche Entscheidungen trifft, wie man reagieren sollte. Es hat keinen Sinn, irgendetwas zu beschließen, wenn man verletzt, zornig oder ängstlich ist. Man kann andere Menschen nicht zur Kooperation bewegen, wenn man emotional oder geistig angespannt ist. Wer gelernt hat, seine Lebensillusionen zu durchschauen, kann sich ein erfülltes und kreatives Dasein schaffen, indem er ein Gleichgewicht zwischen allen seinen Bedürfnissen herstellt.

Das Bedürfnis nach Heilung

Es ist normal, dass man am Anfang der neun Stufen jeweils eine Art Heilkrise durchlebt. Diese Zeit muss man als Gelegenheit ansehen, alte Defizite zu erkennen. Oft erleben Menschen dabei große Herausforderungen, und manchmal fallen die größten dieser Herausforderungen in das Jahr nach dem sechsten, dreizehnten, zwanzigsten, siebenundzwanzigsten, vierunddreißigsten, einundvierzigsten, achtundvierzigsten und sechsundfünfzigsten Geburtstag. Vernachlässigt man in diesen besonderen Zeiten das Bedürfnis nach Heilung, dann kann dies den persönlichen Erfolg auf der nächsten Stufe behindern. Vielleicht wird man dann krank, erlebt Enttäuschungen in Beziehungen oder einen beruflichen Einbruch.

Um Heilung zu erlangen, kann man das Heilpotenzial seines Körpers wecken, indem man sich die Unterstützung verschafft, die man bisher nicht bekommen hat. Weil jeder Mensch andere Verletzungen hat, braucht jeder auch eine andere Heilung.

Nachfolgend nenne ich einige Beispiele für erfüllende und heilende Aktivitäten auf jeder einzelnen Stufe von Grundbedürfnissen.

▷ Hat man in Stufe 1 (Geburt bis achtes Lebensjahr) nicht genug Liebe und Zuwendung bekommen, braucht man zur Heilung vielleicht eine Therapie.
▷ Hatte man in Stufe 2 (sieben bis vierzehn Jahre) nicht genug Spaß, dann muss man sich jetzt vielleicht mehr amü-

sieren und das Leben und die Früchte seiner Arbeit genießen.

▷ Hat man in Stufe 3 (vierzehn bis einundzwanzig Jahre) nicht genügend gearbeitet und erreicht, dann kann man sich jetzt einen Ruck geben, seine berufliche Situation neu überdenken oder sich weiterqualifizieren.

▷ Hat man in Stufe 4 (einundzwanzig bis achtundzwanzig Jahre) nicht genügend Autonomie erfahren, dann hat man jetzt vielleicht Lust, Dinge zu tun, die man bisher nicht tun konnte, oder Reisen in Länder unternehmen, die man schon immer sehen wollte.

▷ Hat man in Stufe 5 (achtundzwanzig bis fünfunddreißig Jahre) keine echte Intimität erfahren, dann hat man jetzt vielleicht Verlangen nach einer heilenden Liebesbeziehung oder einer aufregenden Affäre.

▷ Hatte man in Stufe 6 (fünfunddreißig bis zweiundvierzig Jahre) keine Kinder und keine besondere Verantwortung, dann möchte man jetzt vielleicht eine Familie gründen, ein Haustier aufnehmen, einen Garten pflegen oder auch ein Geschäft eröffnen. Vielleicht interessiert man sich auch plötzlich für Politik oder schließt sich einer Gruppe an, die sich für einen guten Zweck engagiert.

▷ Hat man in Stufe 7 (zweiundvierzig bis neunundvierzig Jahre) seine Träume nicht verwirklicht oder sich keiner kreativen Tätigkeit gewidmet, dann beginnt man jetzt vielleicht mit Malen, Schreiben, Singen, Theater spielen oder Musikunterricht. Oder man arbeitet an einem interessanten Projekt mit, bei dem man etwas für bedürftige Menschen oder die Umwelt tut.

▷ Hat man in Stufe 8 seine Spiritualität nicht entwickelt (neunundvierzig bis sechsundfünfzig Jahre) oder sogar die Spiritualität abgelehnt, dann erwacht jetzt vielleicht ein neues Interesse an den eigenen spirituellen Wurzeln, oder man entdeckt eine andere Möglichkeit, wie man seinem Leben einen Sinn geben kann.

▷ Hat man in Stufe 9 (ab sechsundfünfzig Jahren) noch nicht zu sich selbst gefunden, dann verspürt man jetzt vielleicht das Bedürfnis, sich zu entspannen und sich dem Strom des Lebens hinzugeben. Man lässt einfach los und ist man selbst, ohne sich den Kopf zu zerbrechen.

Die Vergangenheit heilen, ohne die Gegenwart preiszugeben

Damit eine Heilung gelingen kann, muss man seine Bedürfnisse befriedigen, ohne das aufzugeben, was man schon hat. Man muss sich vor Augen halten, dass die Bedürfnisse während der Zeit der Genesung vorübergehender Art sind und sich meistens von selbst erledigen, wenn man sich bemüht, in seinem Leben kein überstürztes Chaos anzurichten.

Misstrauen ist immer angebracht bei allen Wünschen, Bedürfnissen, Reaktionen, Sehnsüchten, Antrieben oder Forderungen, die dann auftauchen, wenn man sich nicht offen, liebevoll und zentriert fühlt.

Ist das Herz geöffnet, dann sind die auftauchenden unbefriedigten Bedürfnisse echt und man sollte ihnen nachgehen. Wenn das Herz dagegen verschlossen ist, ist Vorsicht geboten, und man sollte zunächst keine Pläne zu einer Veränderung fassen. Die Öffnung des Herzens hat erste Priorität, denn nur dann kann man die richtigen Entscheidungen fällen.

———◄○►———

Man kann seinen Überzeugungen und Gefühlen
nicht trauen, wenn man sich nicht offen,
liebevoll und zentriert fühlt.

———◄○►———

Wer frühere Verletzungen in der Gegenwart heilen will, muss vor allem darauf achten, die noch vorhandenen Bedürfnisse aus der Vergangenheit zu befriedigen, ohne die Unterstützung zu ignorieren, die er jetzt schon in seinem Leben bekommt. Oft scheinen plötzlich auftauchende Bedürfnisse und Wünsche sehr grundlegend zu sein, aber in Wirklichkeit sind sie nur vorübergehender Natur. Das einzig beständige Bedürfnis ist dasjenige nach Heilung. Nimmt man sich vor, ein noch nicht erfülltes Bedürfnis zu befriedigen, dann darf man dabei auch die übrigen nicht vernachlässigen.

Dazu einige Beispiele.

Stufe 1
Wenn man den Eltern folgt (oder auch anderen Leitfiguren und Führungspersonen), um Zuwendung und Unterstützung zu bekommen, muss man darauf achten, dass man die eigene Macht nicht völlig aufgibt, und dadurch noch mehr Probleme heraufbeschwört. Hat man sich einmal bewusst zurückgehalten, um anderen Raum zu geben, dann erwacht irgendwann im späteren Leben der Selbstbehauptungswille wieder. Oft nimmt er jedoch dann eine verzerrte Form an und führt zu Täuschungen darüber, wer man selbst ist und wer die anderen sind. Dann muss man sich darüber im Klaren sein, dass dieser Antrieb aus der Kindheit stammt. Als Kinder müssen wir uns an Führungspersönlichkeiten orientieren, aber wir brauchen dafür die Unterstützung der Eltern. Wenn ein Kind einen Wutanfall bekommt oder weint, weil es Milch haben möchte, dann kümmern sich die Eltern um es. Wenn man als Erwachsener Milch haben möchte, dann muss man sich daran erinnern, dass man kein Kind mehr ist und deshalb nicht erwarten kann, dass man gefüttert wird. Es wäre sehr unpassend, einen Wutanfall zu bekommen, wenn man nicht so behandelt und versorgt wird, wie man das gerne hätte.

Niemand hat das Recht, von seinem Partner, seinen Kindern oder seinen Arbeitskollegen zu verlangen, dass diese die eigenen unerfüllten Bedürfnisse befriedigen. Wenn man nicht in der Lage ist, seine Heilung selbst in die Hand zu nehmen, dann muss man die Hilfe eines Therapeuten in Anspruch nehmen. In einer Therapie kann man sich jede Woche die lebenswichtige Unterstützung geben lassen, die man vielleicht als Kind nicht bekam. So lernt man nach und nach, selbst Unterstützung zu geben und irgendwann auch ohne therapeutische Hilfe auszukommen.

Stufe 2

Wenn man sich auf der Suche nach dauerhaftem Glück von Regeln leiten lässt, muss man sich vor der Schuldgefühl-Falle hüten. War man sich selbst oder anderen gegenüber ungerecht, dann sollte man seinen Fehler eingestehen, aber man muss sich auch verzeihen und sich darüber im Klaren sein, dass man schließlich sein Bestes getan hat. Dieses neue Bewusstsein für die eigenen Fehler und die Bereitschaft, etwas zu ändern, darf nicht als Rechtfertigung für eine Selbstbestrafung dienen. Man muss seine Fehler anerkennen, aus ihnen lernen und dann die entsprechenden Änderungen vornehmen. Aber man kann aus seinen Fehlern nur lernen, wenn man sich auch verzeihen kann.

Man sollte sich auch vor Vorwürfen an andere hüten, wenn diese nicht tun, was einem selbst als richtig erscheint. Das Merkmal einer echten Nachsicht gegenüber sich selbst ist die Fähigkeit, auch anderen zu verzeihen, die ähnliche Fehler begangen haben.

Wenn der eigene Fehler zum Beispiel darin bestand, dass man zu viel gearbeitet hat, dann sollte man deshalb nicht alle Arbeit hinwerfen und sich nur noch amüsieren. Vergangene Fehler kann man nicht dadurch gutmachen, dass man neue Fehler begeht. Man kann weniger arbeiten oder sich eine andere Tätigkeit suchen, aber es wäre nicht richtig, die Arbeit und das Streben nach Leistung überhaupt aufzugeben.

Stufe 3

Wenn man sich bemüht, dem Verstand zu gehorchen, muss man darauf achten, nicht sein eigenes logisches Empfinden aufzugeben. Die bloße Tatsache, dass ein anderer auf irgendeinem Gebiet ein Fachmann ist oder eine Fähigkeit entwickelt hat, die einem selbst fehlt, bedeutet noch nicht, dass der Betreffende in jedem Fall besser weiß, was für einen selbst richtig ist. Man sollte seine Bereitschaft, von Fachleuten zu lernen, nicht übertreiben, sondern auch Vertrauen in die Fähigkeit haben, Bedürfnisse selbst richtig einzuschätzen. Wenn man hier unsicher ist, kann man sich durchaus einmal an anderen Menschen orientieren, aber man sollte dies immer nur als einen Versuch betrachten. Dann muss man mit Hilfe seiner eigenen Logik und seines eigenen Verstandes die Entscheidung fällen, was für einen selbst richtig ist. Dadurch erhält man die Möglichkeit, neue Perspektiven zu erkunden.

Stufe 4

Dem eigenen Herzen zu folgen und auf der Suche nach neuen Erfahrungen eine größere Unabhängigkeit zu erreichen heißt nicht, dass man keine Rücksicht mehr auf seine Verpflichtungen nehmen sollte. Wenn man wieder jung sein möchte, sieht der Partner plötzlich alt aus, oder die Arbeit erscheint fad und langweilig. Die Antwort liegt aber nicht darin, den Partner wegen eines Jüngeren zu verlassen oder sich gleich eine andere Beschäftigung zu suchen. Es geht vielmehr darum, inneres Glück dadurch zu finden, dass man sich unabhängiger fühlt. Nimmt man sich ein wenig Zeit dafür, etwas ganz für sich allein zu tun, ohne deshalb seine Verpflichtungen zu ignorieren, dann kann man sich wieder jung fühlen. Jetzt ist zum Beispiel eine gute Zeit, um allein Urlaub zu machen.

Stufe 5

Um seinem Gewissen zu folgen und durch Intimität mehr Liebe zu geben, darf man nicht eine Ehe beenden, in der die

Leidenschaft erloschen ist. Statt den Partner zu wechseln, kann man die Kommunikation verbessern und in der gegenwärtigen Beziehung mehr Romantik schaffen. Indem man sich nichts weiter vornimmt, als sich selbst zu ändern, kann man die Abhängigkeit von seinem Partner verringern. So kann man mehr Liebe geben und die Leidenschaft wird neu entzündet. Jetzt ist eine gute Zeit, um allein oder gemeinsam an einem Beziehungs-Workshop oder einem Seminar für inneres Wachstum teilzunehmen.

Stufe 6
Um seine Integrität zu wahren, muss man Verpflichtungen einhalten und Selbstverantwortung übernehmen. Opfer sind dafür nicht nötig. Kümmert man sich zunächst um seine eigenen Bedürfnisse, dann kann man entsprechend mehr geben. Man muss anerkennen, dass man manche Versprechungen nicht einhalten kann. Wir alle machen Fehler und versprechen manchmal zu viel. Die Lösung besteht darin, festzustellen, was man realistischerweise versprechen kann. Jetzt ist eine gute Zeit, alte Gewohnheiten zu ändern.

Stufe 7
Möchte man den eigenen Träumen folgen und sein Bedürfnis nach schöpferischem Ausdruck befriedigen, darf man deshalb nicht die sonstigen Verantwortlichkeiten und Bedürfnisse vernachlässigen. Jetzt ist eine gute Zeit, etwas Schöpferisches zu tun, eine Herausforderung anzunehmen oder ein neues Hobby anzufangen.

Stufe 8
Um Gott zu folgen und etwas für sein spirituelles Wachstum zu tun, darf man nicht die Verantwortung für die Familie, das schöpferische Tun oder die spirituellen Traditionen aufgeben, an denen man sein Leben lang gearbeitet hat. Man muss ein Gleichgewicht finden, so dass man nicht das Alte über Bord

werfen muss, um das Neue zuzulassen. Jetzt ist eine gute Zeit, um wichtige Beziehungen zu pflegen.

Stufe 9

Seinem Schicksal zu folgen und sich dem Strom des Lebens hinzugeben bedeutet nicht, dass man sich passiv zurücklehnt und das Leben an sich vorüberziehen lässt. Jetzt ist vielmehr die Zeit, die von Gott geschenkten Begabungen und Fähigkeiten weiterzuentwickeln, indem man sich zum Beispiel einer Tätigkeit im Dienst an anderen widmet.

7

Wie man gesund wird und gesund bleibt

Bei den meisten Heilungsansätzen und Erfolgsrezepten dreht sich alles um den richtigen Lehrer oder Heiler, die richtige Denkweise oder das richtige Arzneimittel. Bei den hier vorgestellten neun Techniken für kleine Wunder dreht sich dagegen alles um die Lernenden, die Patienten, die Klienten. Um gesund zu werden und zu bleiben, muss ein Patient zuerst lernen, wie er sich heilen kann, und dann, wie er seine Gesundheit auf Dauer stärken kann. Er muss lernen, wie er am besten von seiner eigenen natürlichen Heilenergie Gebrauch machen kann. Die bisherige übermäßige Abhängigkeit von Arzneimitteln, Ärzten, Diäten und Fachleuten hat das Gesundheitswesen in eine Krise gebracht. Selbst der konservativste Arzt wird einräumen, dass es ungesund ist, die Verantwortung für seine eigene Gesundheit aufzugeben. Niemand bestreitet das, und doch gibt es keine wirklich guten Alternativen.

Früher war die Schulmedizin sehr skeptisch gegenüber alternativen Ansätzen, aber heute sind die Ärzte offener geworden. Natürlich sind sie gegenüber extremen Ansätzen nach wie vor argwöhnisch, aber sie haben doch erkannt, wie wichtig Ernährung und alternative Heilmethoden wie zum Beispiel Chiropraktik, Akupunktur und Massage sind. Natürlich kann es nicht eine einzige Behandlung für alle geben. Aber wenn man verschiedene Verfahren miteinander kombiniert, kann man die Heilungsaussichten verbessern.

Viele Ärzte denken heute ganzheitlich. Sie behandeln ihre Patienten nicht mehr wie Kinder, die selbst nicht wissen können, was für sie gut ist. Und wenn ein Arzt heute eine alternative Vorgehensweise nicht billigt, wird der Patient es vielleicht trotzdem versuchen. Im Internet stehen mittlerweile viele medizinische Informationen zur Verfügung, und deshalb sind manche Patienten heute besser informiert als ihre Ärzte.

Obwohl die freie Auswahl unter den Behandlungsmöglichkeiten sehr wichtig ist, liegt darin noch nicht die Antwort auf die Krise des Gesundheitswesens. Die Abhängigkeit bleibt bestehen, ob man nun von Spritzen und Operationen oder von alternativen Heilmethoden abhängig ist.

Untersuchungen haben gezeigt, dass die ältere Generation, die heute den Hauptanteil der Bevölkerung darstellt, immer mehr von medizinischer Versorgung abhängig wird. Der Zwang zu regelmäßigen Behandlungen und zur ständigen Einnahme von Arzneimitteln, die dazu noch Nebenwirkungen haben, stellt eine erhebliche finanzielle Belastung und eine Beeinträchtigung der Lebensqualität dar. Immer wieder wird der drohende Kollaps des öffentlichen Gesundheitswesens beschworen. Die Kostenexplosion und die Überalterung der Bevölkerung drohen eine adäquate medizinische Versorgung zu einem Luxus werden zu lassen. Könnte es nicht eine andere Möglichkeit geben, gesund alt zu werden?

Dass man Ärzte oder alternative Heilweisen braucht, ist an sich weder schlecht noch gut. Das Problem liegt darin, dass wir beides zu sehr beanspruchen. Wir verlassen uns so sehr auf Wunderpillen, dass wir unsere neue Fähigkeit gar nicht wahrnehmen, uns selbst zu heilen. Weil wir viel zu sehr von anderen abhängig sind, verzichten wir auf unsere Selbstheilungskraft.

Viele Menschen ahnen heute, dass es eine Möglichkeit gibt, bei bester Gesundheit ein hohes Alter zu erreichen, aber sie wissen nicht, wo diese Möglichkeit liegt. Aber eine wirkliche Freiheit, die über die bloße Freiheit hinausgeht, sich für oder gegen ein bestimmtes Heilverfahren zu entscheiden, wird erst dann möglich, wenn wir unser Selbstheilungspotenzial entdecken und Behandlungen von außen nur noch brauchen, um unsere Selbstheilung zu beschleunigen.

Selbstheilung durch bewusste Ernährung

Wenn wir tun, was unser Herz uns sagt, entdecken wir dadurch in uns selbst die wahre Quelle des Glücks. Vielleicht erkennen wir dann plötzlich, dass wir bisher unsere Befriedigung oft vergebens in übermäßigem Essen und Trinken gesucht haben. Und in dieser Erkenntnis liegt das größte Geheimnis dauerhafter Gesundheit: Unser Körper reagiert sehr positiv darauf, wenn wir nicht mehr auf Essen als Glücksbringer angewiesen sind. Plötzlich schmecken Wasser und einfache Speisen überaus köstlich, und wir können unsere Ernährungsgewohnheiten ändern, ohne das Gefühl zu haben, auf etwas verzichten zu müssen.

Wenn man reichlich Wasser trinkt und sich gesund ernährt, dann kann man so viel essen, wie man will, und trotzdem sein Idealgewicht halten. Und dabei muss man nicht einmal die ganze Zeit auf gesunde Ernährung achten. Manchmal stehen eben keine gesunden Lebensmittel zur Verfügung. Als Faustregel kann man sagen, dass man sich zu etwa achtzig Prozent gesund ernähren sollte; dann braucht man es bei den restlichen zwanzig Prozent nicht so genau zu nehmen.

Ebenso wie man Techniken einüben kann, durch die man das Herz öffnet und den Erfolg im Leben vermehrt, so gibt es auch Möglichkeiten, mit Hilfe der natürlichen Energie, durch die man kleine Wunder Wirklichkeit werden lässt, seinen Körper zu heilen. Verzichtet man darauf, von Essen als Glücksspender abhängig zu sein, dann findet man zu seinem natürlichen Durst- und Hungergefühl zurück und im Körper setzt ein erstaunlicher Heilungsprozess ein. Der Körper ist ja schon perfekt auf Selbstheilung eingestellt. Meist braucht man zu seiner Heilung nichts weiter zu tun, als ihn in der erforderlichen Weise mit Wasser, Mineralstoffen, Vitaminen und Eiweißen zu versorgen.

―――◄○►―――

Wenn man Essen nicht länger als einzigen Glücksspender betrachtet, dann findet man zu seinem natürlichen Hungergefühl zurück, und im Körper setzt ein erstaunlicher Heilungsprozess ein.

―――◄○►―――

Und wenn man die individuelle Figur wiedererlangt hat, die einem die Natur zugedacht hat, dann fängt man plötzlich in wunderbarer Weise an, sich selbst und sein Aussehen wieder zu mögen. Und findet man wieder Gefallen an seinem eigenen Körper, dann findet man auch den Körper des Partners wieder schön und attraktiv. Wenn man gesund ist, gibt man ganz von selbst unrealistische Erwartungen an sein Aussehen auf und findet neues Gefallen an sich selbst. Selbstliebe aber steigert das sexuelle Verlangen, und so wird man auch wieder attraktiver für den Partner.

Sexuelle Leidenschaft bewahren

Bei vielen Männern und Frauen lässt jenseits der vierzig das Interesse an Sex nach. Sie glauben, dass dies einfach zum Älterwerden gehört und erkennen deshalb das Problem gar nicht, weil ihr Bedürfnis einfach nicht mehr da ist. Normalerweise nimmt man ein Problem nämlich erst als solches wahr, wenn man ein Bedürfnis spürt, das man nicht befriedigen kann. Wenn ich selbst Sex möchte, mein Partner aber nicht, dann empfinde ich das als Beziehungsproblem, und ich werde versuchen, mir helfen zu lassen oder die Schwierigkeit in einer anderen Weise zu lösen. Bewusstsein für ein Problem schafft erst das Interesse an einer Lösung. Am schwierigsten sind also Probleme zu lösen, die man noch gar nicht wahrgenommen hat. Spürt man kein leidenschaftliches Verlangen nach Sex mehr, dann ist fehlender Sex auch kein Problem. Ebenso glauben viele Menschen, die älter werden, dass die eine oder andere Krankheit einfach »dazugehört«. Aber mit einigen wenigen Veränderungen kann man sich von Krankheiten befreien und die Selbstheilungskräfte des Körpers stimulieren.

———◦———

Am schwierigsten sind Probleme zu lösen,
die man noch gar nicht wahrgenommen hat.

———◦———

Gesundheit heißt nicht nur Freiheit von Krankheit, sondern auch grenzenlose Energie. Gesundheit macht das Leben im eigenen Körper zu einem großen Vergnügen. Und dieses Geschenk wird einem zuteil, wenn man beginnt, aus seinem inneren kreativen Potenzial zu schöpfen.

Heilung für Körper, Geist, Herz und Seele

Damit im eigenen Leben ein Wunder oder eine positive Veränderung stattfinden kann, muss eine Heilung auf der physischen, emotionalen, mentalen und seelischen Ebene erfolgen. Um kleine Wunder Wirklichkeit werden zu lassen, sollte man daher nicht nur die neun Leitprinzipien praktizieren, sondern sich auch von dem befreien, was die eigene Entwicklung bisher behinderte.

Positive Veränderungen und Anstrengungen auf der körperlichen Ebene machen es unter anderem erforderlich, dass man mehr Wasser trinkt, damit der Körper Giftstoffe ausscheiden kann. Auch auf der mentalen Ebene kann man beschränkende Überzeugungen ablegen, indem man sich offen mit neueren und aktuelleren Einsichten auseinander setzt. Auf der emotionalen Ebene muss man ebenso lernen, sich von Problemen aus der Vergangenheit zu befreien. Nachfolgend einige Beispiele für alte und neue Überzeugungen.

Alte Überzeugungen	Neue Überzeugungen
Ich kann sowieso nichts ändern.	Jetzt sind Wunder möglich.
Ich muss mein Schicksal akzeptieren.	Ich kann mein Schicksal selbst bestimmen.
Nicht ärgern, sondern heimzahlen!	Nachsichtige Reaktionen bringen viel mehr Erfolg.
Gerechtigkeit muss sein.	Die Bestrafung anderer schafft mir keine Befriedigung. Ich bin selbst für meine Gefühle verantwortlich, und ich handle lieber nachsichtig.
Ich habe es nur getan, weil ein anderer es mir befohlen hat.	Ich höre anderen Menschen zu, aber ich gehorche nur meinem Herzen. Ich allein bin für meine Taten verantwortlich, niemand sonst.
Das Leben ist ungerecht.	Ich brauche mich nicht mehr mit Negativem aufzuhalten, weil ich mir verschaffen kann, was ich haben möchte.
Wer vorankommen will, muss Opfer bringen. Nur der Tüchtige hat Erfolg.	Wenn Liebe und Vertrauen die Grundlage meines Handelns sind, dann stellt sich der Erfolg von selbst ein. Erfolg beruht auf Entscheidungen, die man in Gelassenheit selbst fällt.

Alte Überzeugungen	Neue Überzeugungen
Meine verpfuschte Kindheit ist an allem schuld.	Meine Zukunft ist nicht von meiner Vergangenheit bestimmt, sondern von demjenigen, was ich jetzt in diesem Augenblick fühle, denke und tue.
Ich kann meine Träume nicht verwirklichen.	Früher waren meine Möglichkeiten eingeschränkt, aber jetzt kann ich erreichen, was ich wirklich will.
Ich darf nicht zuerst an mich selbst denken.	Ich denke zuerst an mich, damit ich auch anderen ohne Einschränkungen geben kann.
Ich kann nicht anders.	Ich habe verschiedene Möglichkeiten und kann selbst entscheiden,was ich tun und wie ich mich fühlen möchte.
Wenn ich Rückschläge erleide und Ängste habe, dann stimmt mit mir etwas nicht.	Rückschläge und Ängste gehören in natürlicher Weise zu meinem Weg.
Erfolgreiche Menschen haben etwas, was ich nicht habe.	Ich habe alles, was ich brauche, um den Erfolg zu erreichen, den ich haben möchte.
Du hast Schulden bei mir, und wenn du sie nicht bezahlst, dann verhinderst du meinen Erfolg.	Wenn ich anderen ihre Schulden erlasse, dann habe ich mehr Freiheit, den gewünschten Erfolg herbeizuführen.
Die anderen sind schuld.	Scheitern hat immer viele Gründe. Ich versuche einfach, etwas daraus zu lernen und weiter an dem zu arbeiten, was ich haben möchte.

Alte Überzeugungen	*Neue Überzeugungen*
Ich kenne meine Grenzen.	Wir leben in einem Zeitalter der Wunder. Ich habe jetzt ein viel größeres Potenzial, Veränderungen herbeizuführen.
Das ist zu schwierig. Das schaffe ich nicht.	Je stärker die Verbindung zu meiner inneren Schöpferkraft ist, desto einfacher wird es.
Heirate und hole dir die Liebe, die du brauchst.	Heirate, um Liebe zu geben, nicht nur, um Liebe zu bekommen.
Spirituelle Entwicklung ist schwierig und erfordert jahrelange Übung.	Die göttliche Energie kann man mit einer einfachen Übung innerhalb weniger Minuten spüren.
Das Verlieben passiert automatisch, und meistens ist es nicht von Dauer.	Verliebtsein kann dauerhaft sein, wenn man lernt, in einer anderen Weise zu kommunizieren.
Krankheiten sind durch unsere Gene und durch das Alter bestimmt.	Die Gene machen nur dann für bestimmte Krankheiten anfällig, wenn man die Verbindung zur eigenen Selbstheilungskraft verliert.
Im Alter verliert man zwangsläufig seine Vitalität.	Auch im Alter kann man sich bester Gesundheit erfreuen.

Die Lektüre dieses Buchs und anderer positiver, inspirierender Bücher von erfolgreichen Menschen kann dabei helfen, sich von beschränkenden Überzeugungen vergangener Zeiten zu befreien. Die eigentliche Verwandlung tritt aber erst dann ein, wenn man sich ganz konkret von der Richtigkeit dieser neuen Auffassungen überzeugt. Mit Hilfe der im folgenden Kapitel beschriebenen neun Techniken für kleine Wunder können Sie Ihr neues inneres Potenzial aktivieren und anwenden. Indem Sie Körper, Seele, Herz und Geist heilen, schaffen Sie die Voraussetzungen dafür, Ihre persönlichen Wunder zu wirken.

8

Neun Techniken für kleine Wunder

Der Weg zu kleinen Wundern wird erleichtert, wenn man die in diesem Kapitel beschriebenen neun Techniken zur Erweckung der natürlichen Energie anwendet. Überall, wo man Erfahrungen sammeln möchte, ist es klug, den Rat von Fachleuten einzuholen, von ihrer Erfahrung zu profitieren und ihre Techniken auszuprobieren. Als ich zum Beispiel Klavier spielen lernen wollte, versuchte ich es nicht auf eigene Faust. Ich suchte mir einen Lehrer, der mir viele gute Techniken und Tricks zeigte. Als ich Auto fahren lernte, besuchte ich eine Fahrschule. Als ich meditieren lernen wollte, ging ich zu einem Meditationslehrer. Als ich Heilen lernen wollte, suchte ich einen großen Heiler auf. Wenn man etwas lernen möchte, kann man immer von Erfahreneren profitieren.

Allerdings können einem Lehrer nur zeigen, was sich bei ihnen bewährt hat, und dies muss nicht unbedingt auf einen selbst zutreffen. Bei den neuen Techniken zur Erweckung der natürlichen Energie ist es genauso: Hat man sie einmal gelernt, muss man trotzdem noch »Hausaufgaben« machen. Dann sind diese Techniken nicht nur hilfreich, sondern machen auch Spaß. Wenn man einmal das Grundprinzip verstanden hat, dann kann man sie immer wieder den wechselnden eigenen Bedürfnissen anpassen.

Hinter den hier beschriebenen neun wirksamen Techniken, die ich auch selbst für kleine Wunder anwende, stehen achtundzwanzig Jahre intensiver Forschungen, Experimente und Prüfungen. Ich selbst habe sie an über eine halbe Million Menschen in meinen Workshops weitergegeben und dabei nicht nur großartige Ergebnisse erzielt, sondern auch die notwendigen Rückmeldungen zur Verfeinerung und Vereinfachung dieser Techniken erhalten. Viele der hier vorgestellten Ideen sind alt, einige neu. Altes, das sich durch die Geschichte hindurch erhalten hat, hat immer einen Wert. Zugleich liegt es immer nahe, dass alte Ideen vielleicht in der einen oder anderen Weise aktualisiert werden müssen. Und solche Aktualisierungen sind das besondere an den neun Techniken, die ich im Folgenden vorstellen werde.

Die Techniken setzen keine bestimmte religiöse Überzeugung voraus; sie sind für alle Religionen geeignet. Sie beruhen auch nicht auf einer ganz bestimmten psychologischen Richtung. Es sind keine therapeutischen Anweisungen, und es ist damit auch kein Heilungsversprechen verbunden. Aber sie können dabei helfen, die Anweisungen eines Arztes oder Therapeuten optimal umzusetzen. Sie erleichtern es, die innere Kraft zur Selbstheilung zu aktivieren. Sie sind kein Wundermittel, aber sie ebnen den Weg zu kleinen Wundern im persönlichen Leben. Sie zeigen, wie man das Auto lenkt, aber man muss selbst einsteigen und losfahren.

Vielleicht sind sie nicht einmal besser als andere Vorgehensweisen. Ich stelle sie hier vor, weil sie sich für mich hervorragend bewährt haben. Jeder Mensch ist anders. Ich lerne ständig von neuen Verfahren, die andere anwenden, und prüfe, was ich für mich übernehmen kann und wie ich meine eigenen Vorstellungen und Ansätze anpassen kann. Ich lehre seit dreißig Jahren verschiedene Versionen dieser Techniken, und ich habe festgestellt, dass sie bei den meisten Menschen zum Erfolg führen.

Vielleicht stellt man für sich persönlich fest, dass eine dieser Techniken wirksamer ist als andere. Das ist völlig normal. Ich selbst muss je nach meinen gegenwärtigen Bedürfnissen oder Stimmungen eine Auswahl treffen. Manchmal brauche ich die eine Technik, manchmal die andere. An einer einzigen

Technik festzuhalten wäre so, wie wenn man jemandem empfehlen würde, nur Eiweiß, nur Gemüse, nur Getreide oder nur Obst zu essen. Meist braucht man ein wenig von allem, aber es gibt auch Zeiten, in denen man nur eines davon braucht.

Um kleine Wunder wirken zu können, müssen drei Voraussetzungen erfüllt sein. Zunächst einmal muss man wissen, welche Ziele man hat. Zu dieser Erkenntnis verhelfen die neun Leitprinzipien. Auch wenn man hin und wieder in die Irre geht, kommt man rasch wieder auf den richtigen Weg, wenn man einmal seine Ziele klar definiert hat.

Zweitens muss man sich über seine altersgemäßen Bedürfnisse im Klaren sein, damit man diese gezielt befriedigen kann, während man weiterhin seinen Träumen, seinem Gewissen und seinem Pflichtgefühl folgt.

Das dritte Element sind die angemessenen mentalen Techniken. Wenn die neun Leitprinzipien die Landkarte liefern, auf der das Ziel eingezeichnet ist, dann liefert die Befriedigung der Bedürfnisse den Treibstoff. Das Erlernen der neun Techniken zur Erweckung der natürlichen Energie ist dann mit einer Fahrschule vergleichbar. Wenn man einmal fahren kann, dann kann man selbst bestimmen, wohin die Reise gehen soll.

Für diese neun Techniken brauchen Sie nicht jahrelang zu üben und keine Opfer zu bringen. Sie lassen sich weitgehend recht einfach in das Alltagsleben einbauen. Das Großartige dabei ist, dass sie sofort wirken. Die unmittelbare positive Verstärkung aus der alltäglichen Erfahrung hilft Ihnen dabei, sich diese Techniken einzuprägen und sie zu üben. Jede Technik kann sich nur bewähren, wenn Sie sie ständig einsetzen.

Gehen wir nun kurz die neun Techniken durch; dann können Sie das auswählen, was Sie zuerst einüben möchten. Ich empfehle Ihnen jedoch, in der Reihenfolge vorzugehen, in der die Techniken angegeben sind. Aber wie bei allen meinen Vorschlägen können Sie grundsätzlich selbst entscheiden, wie Sie verfahren möchten.

Die neun Techniken im Überblick

1. Durch die **Technik des Energieaufbaus** schafft man die Grundlage dafür, dass die übrigen Techniken eine optimale Wirkung entfalten können. Lernt man, bewusst natürliche Energie aufzunehmen, dann wird der Geist klarer, das Herz öffnet sich, und der Körper bekommt mehr von der Lebensenergie, die er für seine Gesundheit braucht. Man speichert dabei neue Energie, und dadurch kann das persönliche Charisma wachsen. Dieser Zuwachs an Kraft und Ausstrahlung wird zu einer täglichen konkreten Erfahrung, die das erste Leitprinzip für kleine Wunder bekräftigt: *Glaube daran, dass Wunder möglich sind.*

2. Die **Technik des Energieabbaus** ist nicht nur sehr wirksam, sondern macht auch von allen Techniken am meisten Spaß. Es ist einfach ein herrliches Gefühl, überschüssigen Stress oder Kummer einfach aus dem Körper herausströmen zu lassen. Es ist großartig zu wissen, dass man dieses Verfahren immer und jederzeit durchführen kann. Für sensiblere Menschen oder diejenigen, die an Krankheiten, chronischen Schmerzen oder Energiemangel leiden, ist dies oft die hilfreichste der neun Techniken. Mit diesem neuen Verfahren lässt man mit einem tiefen Seufzer der Erleichterung alles von sich abfallen, um frei dem zweiten Leitprinzip für kleine Wunder folgen zu können: *Lebe so, als ob du tun könntest, was du willst.*

3. Wenn man einmal die Kunst beherrscht, sich von Stress und überschüssiger Energie zu befreien, dann ist es nicht

mehr schwierig, die **natürliche Energiediät** einzuhalten. In aller Regel ist das Verlangen nach ungesundem Essen nichts weiter als ein Versuch, mit Stress, Unglücklichsein, Langeweile oder Erschöpfung fertig zu werden. Hat man einmal eine Möglichkeit gefunden, Stress in einfacher Weise abzubauen, dann nimmt dadurch auch das Bedürfnis ab, sich mit einem Übermaß an Kohlenhydraten und Fett Energie zu verschaffen oder sich durch permanentes Essen abzustumpfen. Sobald man mit der Diät beginnt, wird die Erfahrung der in den Körper einströmenden Energie viel konkreter. Durch Energieabbau fällt es leichter, die Diät einzuhalten, und die Diät macht den Energieabbau viel wirksamer.

Wenn Sie zunächst Schwierigkeiten haben, beim Energieaufbau die Energie zu fühlen, dann sollten Sie einen Energieabbau durchführen. Wenn dies nicht sofort zu dem gewünschten Erfolg führt, dann sollten Sie einfach einige Tage die natürliche Energiediät einhalten. Sobald Sie mehr Wasser trinken und nur gesunde Lebensmittel essen, fühlen Sie beim Energieaufbau oder -abbau die natürliche Energie ganz deutlich.

Die Durchführung dieser einfachen Diät verleiht mehr Freiheit, man selbst zu sein. Wird man nicht mehr von Heißhunger gequält, dann können die wahren Wünsche der Seele zum Vorschein kommen. Man wird sich wieder jung fühlen, weil es so viel zu lernen und so viel zu genießen gibt. Das Leben wird zu einem Spielzeugladen, der unendliche Möglichkeiten zu Erfüllung und Wachstum vorrätig hat. Man ist nicht mehr auf starre Ziele fixiert, sondern hat die Freiheit, alle gewünschten Veränderungen herbeizuführen. Diese Freiheit macht es einfacher, den dritten Grundsatz einzuhalten: *Lerne, als ob du ein Anfänger wärst.*

4. Die Anwendung der **Technik der positiven Reaktion** hilft in den Beziehungen, zu Hause und am Arbeitsplatz, die

Vergangenheit loszulassen und in der Gegenwart zu leben. Man vergeudet seine Energie nicht mehr mit Vorwürfen gegenüber anderen oder sich selbst und mit Selbstmitleid. Verzeiht man anderen ihre Fehler, dann befreit man sich von der Tendenz, beleidigt, verletzt oder aggressiv zu reagieren. Wendet man diese Technik an, um anderen zu verzeihen, dann macht man sich selbst damit das größte Geschenk. Diese Technik hilft, das vierte Grundprinzip einzuhalten: *Liebe, als ob es das erste Mal wäre.*

5. Mit Hilfe der **Blockbuster-Technik** lernt man, Irritationen leichter zu überwinden und wieder zu positiven Gefühlen zurückzufinden. Oft ist dieser Wechsel ganz einfach, wenn man nur weiß, wie man es anstellen muss. Dieser Prozess ist der Wegweiser zurück zum eigenen Selbst, wenn man nicht mehr weiter weiß. Er lenkt den Blick auf das, was für einen selbst zu einem gegebenen Zeitpunkt wahr und richtig ist, und mit dieser geschärften Wahrnehmung kann die eigene Fähigkeit zu kleinen Wundern ihre Wirkung entfalten.
Wenn Sie irritiert oder in einer bestimmten Richtung festgefahren sind, dann lassen Sie sich jetzt nicht mehr zu der falschen Auffassung verleiten, dass Sie nicht hätten, was Sie zum Glücklichsein brauchen, sondern Sie wissen jetzt, wie Sie Ihre Blockierungen auflösen können. Diese Technik hilft, das fünfte Leitprinzip einzuhalten: *Gib, als ob du schon hättest, was du brauchst.*

6. Die **Technik zur Änderung der Einstellung** bewirkt die Fähigkeit, Ergebnisse herbeizuführen, ohne sich bis ins Detail darum bemühen zu müssen. Erfolg im Leben besteht zu einem großen Teil darin, dass man die richtigen Ideen hat und die richtigen Entscheidungen fällt. Konzentriert man sich in Ruhe auf seine Ziele und stellt sich dann vor, wie man sich fühlen würde, wenn man das Gewünschte

schon hätte, dann gibt man dadurch seinem Unbewussten die Gelegenheit, die besten Gedanken und Wünsche bereitzustellen. Und dies ist das genaue Gegenteil zu der Haltung, sich erst dann gut zu fühlen, wenn man etwas Gewünschtes schon erreicht hat.

Haben Sie einmal die Erfahrung gemacht, dass die Gefühle, die Ihnen der Erfolg schenken kann, jetzt schon spürbar sind, dann finden Sie wieder Zugang zu der inneren kreativen Kraft, die dadurch entsteht, dass Sie sich in der Gegenwart gut fühlen. Diese Fähigkeit, im Augenblick zu leben und der Wille, an einer idealen Zukunft zu bauen, helfen dabei, das sechste Leitprinzip einzuhalten: *Arbeite, als ob Geld keine Rolle spielen würde.*

7. Die **Technik des bewussten Atmens** stärkt neben dem Energieabbau auch die Fähigkeit zur Durchführung der übrigen Techniken. Wenn nichts mehr helfen will, hilft ein Spaziergang und tiefes Durchatmen. Zügiges Gehen zwingt zu intensiver Atmung, und das bringt lebenswichtigen Sauerstoff in den Körper. Luft ist für die Gesundheit noch wichtiger als Wasser. Man kann einige Tage ohne Wasser überleben, aber ohne Luft nur wenige Minuten. Wenn Ihnen alles zu viel wird, dann haben Sie vielleicht nur vergessen, dass Sie in der Welt nicht allein sind. Es gibt immer Hilfe. Verbinden Sie Entschlusskraft mit guter Atmung, dann bringen Sie Herz, Seele, Körper und Geist zusammen. Diese Technik hilft, das siebte Leitprinzip einzuhalten: *Entspanne dich, als ob alles in Ordnung wäre.*

8. Durch **Heilen mit natürlicher Energie** erfährt man einen Zuwachs an spiritueller Kraft, den man niemals für möglich gehalten hätte. Wenn man sich wieder »auflädt«, kann man nur die Energie aufnehmen, die man für sich selbst verwenden kann, aber wenn man andere heilt, zieht man noch viel mehr Energie an. Man kann so viel Energie auf-

nehmen, wie man für den anderen braucht, den man heilen möchte. So strömt plötzlich Gottes himmlische und irdische Energie mit viel größerer Kraft.

Wenn jemand sehr krank ist oder akute Schmerzen hat, dann verspürt man entsprechend mehr Heilenergie in sich selbst. Durch diese einfache Technik kann man auch um Gottes Hilfe bitten, um selbst geheilt zu werden. Wird diese Bitte unmittelbar erhört, dann fällt es leicht, das achte Leitprinzip einzuhalten: *Sprich zu Gott, wie wenn du erhört werden würdest.*

9. Durch die **Was-wäre-wenn-Technik** erlebt man, dass man in jedem Augenblick selbst die Entscheidung darüber hat, wie man sich fühlt. Immer wieder lassen wir uns durch Reaktionen einengen, die auf alten unbewussten Überzeugungen beruhen. Fühlen wir uns blockiert, brauchen wir nichts weiter zu tun, als eine Situation aus einem anderen Blickwinkel zu betrachten.

Indem Sie Ihre Reaktionen auf verschiedene »Was-wärewenn-Fragen« erkunden, finden Sie leichter Zugang zu Ihrem wahren Selbst. Mit ein wenig Übung erkennen Sie rasch, dass es in jedem Bereich des Lebens grenzenlose Möglichkeiten zu Glück, Gesundheit, Reichtum und Erfüllung gibt. Dies ist die Basis für die Einhaltung des neunten Leitprinzips: *Lasse es dir gut gehen, als ob du dir alles leisten könntest.*

Diese neun Techniken werden nun in den abschließenden neun Kapiteln behandelt. Versuchen Sie nicht, sie alle auf einmal zu erlernen. Anhand der in diesem Kapitel gegebenen Übersicht ist Ihnen vielleicht klar geworden, was Sie am meisten brauchen; probieren Sie das zuerst aus. Nehmen Sie sich nicht zu viel auf einmal vor. Um kleine Wunder herbeizuführen, brauchen Sie nichts weiter zu tun, als einfach anzufangen. Sie haben die Fähigkeit dazu schon in sich. Die beschriebenen Techniken helfen Ihnen dabei, diese Macht zu entdecken und einzusetzen.

Eins: Die Technik des Energieaufbaus

Solange jemand von seiner schöpferischen Kraft noch nicht so sehr überzeugt ist, dass er es wagen kann, sich über seinen vertrauten Bereich hinauszuwagen, wird er niemals die Erfahrung dieser neuen Fähigkeit machen. Wenn man nicht daran glaubt, dass Veränderungen möglich sind, dann versucht man es auch nie. Und wenn man nicht damit beginnt, sein inneres Potenzial zu nutzen, kann es sich niemals entwickeln und wachsen.

Die zusätzliche Energie, die man für kleine Wunder braucht, kann man nicht einfach mit dem Essen aufnehmen. Sie umgibt uns zwar in unserer natürlichen Umwelt, aber die meisten Menschen wissen nicht, wie sie sie nutzbar machen könnten. Aber wenn Sie sich schon einmal von einem Spaziergang in einem Park, vom Schwimmen im Meer oder durch einen gemütlichen Abend am Kaminfeuer erfrischt und verjüngt gefühlt haben, dann haben Sie schon eine Erfahrung mit natürlicher Energie gemacht. Meine eigenen Erfahrungen bei der Heilung meines Auges sind ebenfalls ein Beispiel dafür.

Jeder kann mit Hilfe der einfachen Technik des Energieaufbaus lernen, sich nach Belieben aus der frischen Luft, aus Feuer, Wasser, Erde oder Blumen mit dieser Energie zu versorgen. Die Verbindung mit den Naturelementen stellt nicht nur die Seele wieder her, sondern auch Körper, Geist und Herz. Es ist ganz buchstäblich eine heilende Erfahrung, innezuhalten und an einer Rose zu riechen.

Wenn man sich inspiriert, glücklich oder dynamisch fühlt, dann genießt man den freien Strom natürlicher Energie. Fühlt man sich gestresst, ängstlich oder besorgt, dann erfährt man damit die Symptome einer blockierten natürlichen Energie.

Schärft man seine Wahrnehmung reiner natürlicher Energie, dann kann man sie besser kontrollieren, und wenn man dann in Stress gerät, kann man rasch den Strom dieser Energie wiederherstellen.

————◄○►————

*Stress und Kummer sind Symptome für eine
Blockierung der natürlichen Energie und lassen
sich leicht beseitigen.*

————◄○►————

Auch wenn die Vorstellung, dass man sich mit Energie aufladen kann, zunächst etwas seltsam erscheint, ist dies doch eine alltägliche Erfahrung. Atmet man den Duft einer Rose ein, ist man dadurch in natürlicher Weise erfrischt, weil man sich damit eine kleine Menge natürlicher Energie gegönnt hat. Mit ein wenig Übung kann man lernen, diese Energie Tag für Tag in vollen Zügen einzusaugen, um konzentrierter, entspannter, schöpferischer, liebevoller, verständnisvoller und fröhlicher zu sein. Wenn man morgens unter der Dusche steht, ist man frisch für den Tag, aber wenn man einmal gelernt hat, sich dabei zugleich mit Energie aufzuladen, ist das Gefühl der Verjüngung noch viel stärker.

Je unmittelbarer man natürliche Energie fühlen kann, desto mehr atmet man positive Gefühle ein und Stress und Kummer aus. Durch die Anwendung der einfachen Technik des Energieaufbaus lernt man nicht nur, natürliche Energie zu erkennen und zu fühlen, sondern auch, sie in derselben Weise zu speichern, wie man Geld auf einem Sparkonto sammelt.

Um kleine Wunder wirken zu können, braucht man mehr natürliche Energie. Die Lebenskraft, die das Universum durchzieht und immer in uns und um uns ist, ist vor allem in den Elementen konzentriert, in Feuer, Erde, Luft und Wasser. Das Gefühl der Erfrischung, das sich einstellt, wenn man in einem

Fluss schwimmt oder die frische Luft auf einem Berggipfel ein-
atmet, beruht auf reiner natürlicher Energie. Wenn man entspannt und von den Naturelementen umgeben ist, ist es besonders einfach, sich wieder aufzuladen und mehr von dieser
kostbaren Energie aufzunehmen.

———◄◉►———

Mit Hilfe natürlicher Energie kann man
Veränderungen herbeiführen, die man bisher nicht
für möglich gehalten hätte.

———◄◉►———

Ist man angespannt, verärgert oder krank, dann hat man nicht
genug natürliche Energie. Indem man lernt, wie man möglichst viel von dieser Energie aufnehmen kann, kann man sich
in jeder Situation entspannen, um sich wieder besser zu fühlen. Man braucht mit der Aufnahme hoher Dosen natürlicher
Energie nicht bis zum Urlaub zu warten. Man kann vielmehr
die richtigen Bedingungen schaffen, um Tag für Tag natürliche
Energie in vollen Zügen aufzunehmen.

Es hilft sehr viel, sich genug zu ernähren und viel Wasser
zu trinken, aber das allein genügt nicht. Lernt man die Technik des Energieaufbaus, dann kann man natürliche Energie in
einer sehr wirksamen Weise selbst dann aufnehmen, wenn
man nicht ein Wochenende wandern oder sich eine ganze Woche an den Strand legen kann.

Dieselbe Energieaufladung, die man mit einem großartigen
Urlaub erreicht, lässt sich auch innerhalb weniger Minuten
unter der Dusche, im Bus oder im Zug zur Arbeit, beim An-
hören entspannender Musik im Auto oder bei einem span-
nenden Fußballspiel im Fernsehen erreichen. Natürliche
Energie steht in Fülle zur Verfügung, sobald man einmal gelernt hat, sie wahrzunehmen und durch die Fingerspitzen aufzunehmen.

Man kann sich genauso intensiv erholen wie in einem
herrlichen Urlaub, wenn man morgens unter der
Dusche einige Minuten Energieaufbau praktiziert.

Energieaufbau geht ganz einfach. Mit ein wenig Übung aktiviert man die Kanäle in den Fingerspitzen, so dass man die natürliche Energie fühlen und wahrnehmen kann. Am Anfang muss man entspannt und zentriert sein, damit dies gelingt, aber wer es einmal beherrscht, kann diese Übung auch beim Fernsehen oder während eines Spaziergangs durchführen.

Natürliche Energie fühlen

Der erste Schritt, den Energieaufbau zu lernen, besteht darin, dass man seine Fähigkeit aktiviert, natürliche Energie zu fühlen. Dies übt man am besten zu einer Zeit, zu der man nicht gestört oder abgelenkt werden kann. Oft ist diese Erfahrung intensiver, wenn man sie mit professioneller Hilfe erlernt, aber mit einiger Übung schafft man es auch allein.

Die Erfahrung natürlicher Energie kann bei verschiedenen Menschen und oft auch je nach den Umständen unterschiedlich sein. Manchmal ist es ein prickelndes Gefühl, als ob ein Körperteil eingeschlafen ist. Dann wiederum kann es ein feines Klopfen und Pochen sein. Manchmal fühlt es sich wie Wärme an, manchmal wie eine Art von Taubheit. Auf den fortgeschritteneren Stufen ist es wie ein sanfter Wind, der über die Fingerspitzen streicht, oder ein intensiver Energiestrom, den man in sich aufnimmt.

Wenn diese Energie zu fließen beginnt, erlebt man manchmal eine plötzliche Schwere oder eine Art Verdichtung des umgebenden Raums. Dies ist ein gutes Zeichen, weil es darauf hinweist, dass der Körper sich mit einer neuen Energieebene auseinander setzt, an die er sich anpassen muss.

Wenn der Energieaufbau nicht gleich beim ersten Mal klappt, ist das kein Grund zur Beunruhigung. Es kann auch nicht jeder auf Anhieb einen Basketball im Korb unterbringen. Falls man mehrere Anläufe braucht, um Verbindung zu dieser Energie zu bekommen, müssen bestimmte Schaltstellen im Gehirn noch wachsen, damit die notwendigen Verbindungen hergestellt werden können. Frauen gelingt es meist problemlos; wenn sie jedoch zu sehr versuchen, anderen alles recht zu machen, dann dauert es vielleicht etwas länger, bis sie sich entspannen und die Energie fühlen können. Wenn man die Energie nicht auf Anhieb fühlt, sollte man vielleicht zunächst einen kurzen Spaziergang machen. Dann ist es viel einfacher, dieses neue Bewusstsein zu wecken. Mit ein wenig Übung kann jeder in jedem Alter dieses Verfahren erlernen.

Natürliche Energie fühlen

1. Strecken Sie etwa dreißig Sekunden die Hände nach oben und fühlen Sie einfach Ihre Handflächen und Fingerspitzen, als ob Sie einen Basketball halten würden.
2. Ziehen Sie, während Sie die Handflächen und Fingerspitzen bewusst wahrnehmen, etwa dreißig Sekunden lang die Hände langsam auseinander, als ob Sie einen Strandball halten würden.
3. Führen Sie etwa dreißig Sekunden lang, während Sie Ihre Handflächen und Fingerspitzen bewusst wahrnehmen, die Hände langsam zusammen, als ob Sie eine Grapefruit oder Orange halten würden.
4. Ziehen Sie etwa dreißig Sekunden lang, während Sie Ihre Handflächen und Fingerspitzen bewusst wahrnehmen, die

Hände langsam wieder auseinander, als ob Sie einen Basketball halten würden.

5. Wiederholen Sie anschließend zwei Minuten lang die letzten vier Schritte mit geschlossenen Augen. Atmen Sie dabei bewusst ein und aus, und zählen Sie dabei jeweils bis sechs.

Wenn Sie die natürliche Energie fühlen können, dann halten Sie die Fähigkeit, kleine Wunder zu wirken, ganz buchstäblich in Ihren Händen. Als nächstes lernen Sie, diese Energie bewusst zu steuern.

Natürliche Energie einsetzen

Natürliche Energie reagiert ganz eindeutig auf unsere aufrichtigen Wünsche. Wenn man mehr davon braucht, bekommt man mehr. Wenn man sich angespannt, bekümmert, festgefahren oder krank fühlt, ist es Zeit, mehr Energie aufzunehmen. Je nachdem, was man in einer bestimmten Situation braucht, verhilft natürliche Energie zu mehr Gelassenheit, Freude, Vertrauen, Liebe, Geduld, Optimismus, Kraft, Bescheidenheit, Erfüllung, Inspiration, Mut und Unschuld. Mit ihrer Hilfe kann man sich besser auf ein Ziel konzentrieren und schöpferischer und erfolgreicher handeln. Man kann sein Herz öffnen, liebevoller und hilfsbereiter sein und so Kommunikation und Beziehungen verbessern. Man kann ganz buchstäblich Stress und Kummer fortspülen und sich gleich wieder besser fühlen.

Natürliche Energie ist immer da, wenn man sie braucht, aber man muss sie in die richtige Richtung lenken. Wenn man nicht darum bittet, dann geht das Leben weiter wie zuvor, und man muss sich weiter anstrengen, um aus eigener Kraft und ohne diese wichtige Hilfe Änderungen herbeizuführen.

Natürliche Energie ist immer da,
wenn man sie braucht, aber man muss sie
in die richtige Richtung lenken.

Die Bitte um natürliche Energie muss aufrichtig sein und aus ganzem Herzen kommen, und zwar nicht deshalb, um die Energie sozusagen gnädig zu stimmen, sondern vielmehr, um sich selbst empfänglicher zu stimmen. Eine bescheidene und verletzliche Haltung führt dazu, dass man ganz für diese wunderbare Kraft offen ist. Um mehr von ihr nutzen zu können, muss man sich immer seiner Hilfsbedürftigkeit bewusst sein. Diese Energie ist nicht nur konkret, sondern auch vernunftbegabt. Sie ist es letztlich, die unseren Körper hervorbringt, unsere Lebensmittel verdaut, die Körpertemperatur reguliert, für Gleichgewicht und Harmonie sorgt, Nährstoffe an Milliarden Körperzellen verteilt, die Atmung regelt, das Herz vierundzwanzig Stunden am Tag schlagen lässt, Muskeln anspannt und entspannt. Sie tut buchstäblich alles. Wir brauchen nichts weiter zu tun, als sie in uns aufzunehmen und sie dann mit unserem Willen zu lenken.

Vorbereitungen für den Energieaufbau

Nachdem Sie jetzt die Energie fühlen können, besteht der nächste Schritt darin, Ihre Fingerspitzen zu aktivieren, sodass Sie diese natürliche Energie steuern können. Wenn Sie diese Fähigkeit erlangt haben, können Sie noch viel mehr Energie aufnehmen als zuvor. Die nachfolgende einleitende Übung dient ausschließlich dazu, Ihre Fähigkeit zur Steuerung von Energie zu erwecken. Wenn Sie das fünf Minuten durchgeführt haben, sind Sie bereit zum Energieaufbau. Falls Sie einmal so sehr im Stress sind, dass Ihnen der Energieaufbau schwer fällt, dann sind einige Minuten dieser Aufwärmübung sehr hilfreich.

――――◄o►――――

Die Aktivierung der Fingerspitzen dauert nur etwa fünf Minuten, gleichgültig, wie sehr man sich vorher unter Druck gefühlt hat.

――――◄o►――――

Die Vorbereitung zum Energieaufbau besteht aus fünf einfachen Schritten und zwei bestimmten Handstellungen. Bevor Sie beginnen, sollten Sie sich mit diesen fünf Schritten und den beiden Handstellungen vertraut machen. Es gibt dabei eine obere und eine untere Stellung. Wenn Sie die Hände erhoben haben, müssen Ihre Handflächen nach vorne weisen; Ihre Finger zeigen entspannt nach oben, und die Ellbogen liegen entspannt an den Seiten. Bei der unteren Handstellung hängen die Arme locker nach unten. Die Handflächen weisen nach vorne, die Fingerspitzen nach unten.

Wenn Sie es in der oberen oder unteren Stellung bequemer finden, die Finger leicht gekrümmt zu lassen, ist das in Ordnung. Im Laufe der Zeit werden sie sich ganz von selbst strecken. Wichtig ist nur, dass Sie sie nicht steif abspreizen. Wenn Sie dazu neigen, sollten Sie sie immer wieder zur Auflockerung leicht hin und her bewegen. So kann die Energie leichter strömen.

Haben Sie sich mit diesen beiden Handstellungen vertraut gemacht, können Sie den Übergang von der oberen zur unteren Stellung einüben. Die Handflächen weisen dabei immer nach außen. Gelingt Ihnen auch diese Bewegung, können Sie mit der Übung beginnen.

Erster Schritt:
Stehen Sie mit den Händen in der unteren Stellung und konzentrieren Sie sich auf Ihre Fingerspitzen. Atmen Sie tief ein, zählen Sie bis sechs und führen Sie die Hände in die obere Stellung. Atmen Sie tiefer ein, als Sie dies normalerweise tun würden. Die Bewegung nach oben sollte etwa drei Sekunden dauern, und die Hände sollten drei Sekunden in der oberen Stellung bleiben.

Zweiter Schritt:
Zählen Sie beim Ausatmen langsam bis sechs und bringen Sie die Hände wieder in die untere Stellung. Die Bewegung nach unten sollte etwa drei Sekunden dauern, und die Hände sollten mindestens drei Sekunden in der unteren Stellung bleiben. Konzentrieren Sie sich bei dieser Bewegung auf Ihre Fingerspitzen.

Dritter Schritt:
Wiederholen Sie den ersten und zweiten Schritt zehnmal. Klopfen Sie unmittelbar vor dem Einatmen leicht mit einem der Finger in die Luft. Klopfen Sie vor dem ersten Einatmen mit dem kleinen Finger der rechten Hand leicht in die Luft. Atmen Sie ein und heben Sie die Hände. Atmen Sie wieder aus und bringen Sie die Hände in die untere Stellung. Klopfen Sie vor dem nächsten Einatmen mit dem Ringfinger leicht in die Luft und heben Sie die Hände. Wiederholen Sie dies mit dem Mittelfinger usw. Wenn Sie am Daumen der rechten Hand angelangt sind, fahren Sie mit dem kleinen Finger der linken Hand fort, bis Sie beim Daumen der linken Hand angelangt sind.

Auf diese Weise haben Sie zehnmal die Handbewegung durchgeführt und die einzelnen Fingerspitzen aktiviert. Dies scheint vielleicht zunächst etwas umständlich zu sein, aber es dauert nicht einmal zwei Minuten, um diese kleine Übung durchzuführen. Es ist mehr Aufwand, sie zu lesen, als sie wirklich zu praktizieren.

Vierter Schritt:
Am Ende wiederholen Sie den dritten Schritt mit einer kleinen Abwandlung noch einmal. Statt nur tiefer einzuatmen, fassen Sie Ihre Absicht in Worte. Sprechen Sie still für sich beim Einatmen die innere Absicht »Atme ein« aus, beim Ausatmen »Atme aus«. So verbinden Sie Ihren Willen mit Ihrem Atem und Ihrem Körper. Der Einfachheit halber bezeichne ich diesen Vorgang, bei dem man mit den einzelnen Fingern gleichzeitig mit der inneren Absicht in die Luft klopft, als »Fingerklopfen«.

Fünfter Schritt:
Wiederholen Sie nun den vierten Schritt wiederum mit einer weiteren Anpassung. Denken Sie still an die innere Absicht »Atme reine positive Energie ein« und »Atme Stress aus«. Damit lenken Sie bewusst nicht nur Ihren Körper und Ihren Atem, sondern auch die natürliche Energie. Sie nehmen frische Energie auf und senden Anspannungsenergie aus, die die Natur entsorgt.

Damit dieser Prozess mühelos gelingt, konzentrieren Sie sich auf die Lenkung der Energie. Weiter brauchen Sie nichts zu tun. Sie geben ihr einfach eine Richtung und warten darauf, dass sie tut, was sie tut. Nach einiger Zeit können Sie Ihre Fingerspitzen auch schon dadurch aktivieren, dass Sie nur den fünften Schritt dreimal (mit jeweils zehn Wiederholungen) durchführen. Dann sind innerhalb von fünf Minuten Ihre Finger vollständig aktiviert.

Nachfolgend noch einmal die fünf Schritte in Kurzform als Gedächtnisstütze für die Durchführung:

Die Fingerspitzen aktivieren
1. Stehen Sie mit herabhängenden Händen, atmen Sie ein und führen Sie die Hände nach oben.
2. Atmen Sie aus und führen Sie die Hände nach unten.

3. Wiederholen Sie den ersten und zweiten Schritt zehnmal. Zählen Sie die einzelnen Wiederholungen, indem Sie vor jedem neuen Einatmen mit einem Finger in die Luft klopfen.
4. Wiederholen Sie den dritten Schritt und denken Sie still beim Einatmen die innere Absicht »Atme ein« und beim Ausatmen »Atme aus«. Achten Sie darauf, die Finger durch »Fingerklopfen« aktiv zu halten.
5. Wiederholen Sie Schritt 4, aber denken Sie jetzt an die innere Absicht: »Atme reine positive Energie ein« und »Atme Stress aus«.

Der Energieaufbau

Jetzt sind Sie bereit zum Energieaufbau. Er ist ganz einfach. Sie führen zunächst die Hände in die obere Position. Während der ersten Minute des Aufladens aktivieren Sie Ihre Fingerspitzen, indem Sie die Hände etwas höher heben, so dass Ihre Finger etwas höher liegen als der Kopf. Ihre Ellbogen sollten etwa in Schulterhöhe sein. Dann wiederholen Sie Ihre innere Absicht zehnmal laut, wobei Sie sich immer intensiver auf Ihre Fingerspitzen konzentrieren. Wenn Ihnen das laute Aussprechen unangenehm ist, können Sie die innere Absicht auch im Stillen denken.

Beim lauten Aussprechen der ersten Wiederholung der inneren Absicht konzentriert man sich leicht auf den kleinen Finger der rechten Hand. Vor der ersten Wiederholung klopft man mit dem Finger leicht in die davor liegende Luft. Dies aktiviert den »Kanal«, so dass Energie durch die Fingerspitze einströmen kann. In dieser Weise wiederholt man seine innere Absicht zehnmal laut und aktiviert so die einzelnen Fingerspitzen. Durch das Klopfen regt man die Kanäle an, Energie aufzunehmen und auszusenden.

Nach zehn Wiederholungen beginnt man bei weiterer Konzentration auf die Fingerspitzen, die innere Absicht still für sich zu wiederholen. Lassen Sie die Ellbogen langsam auf eine bequemere Ebene sinken, wobei jedoch die Hände oben bleiben. Wiederholen Sie weiterhin Ihre innere Absicht still zehn Minuten lang.

Bei dieser Übung ist es ganz normal und natürlich, dass der Geist wandert und andere Dinge auftauchen wie Einkaufszettel, Verpasstes, Aufgaben, eigene Bemerkungen oder diejenigen anderer usw. Sobald Sie bemerken, dass Ihre Gedanken zu wandern beginnen, kehren Sie einfach wieder zu Ihrer inneren Absicht zurück. Richten Sie Ihre Konzentration wieder auf Ihre Fingerspitzen und wiederholen Sie die innere Absicht still zehnmal mit Fingerklopfen. Wenn Sie einen plötzlichen Energiezustrom spüren, können Sie die Übung abkürzen. Statt zehnmal Klopfen genügt fünfmal. Dabei klopfen Sie jeweils mit den gleichen Fingern der beiden Hände gleichzeitig.

Das ist alles. Und diese einfache Technik kann Sie auf eine ganz neue Ebene der Kreativität und Kraft führen. Das Wiederaufladen verleiht Energie, aber wenn Ihr Körper Ruhe braucht, kann es auch sein, dass Sie schläfrig werden. Durch die Aufnahme dieser Energie erlangen Sie einen zusätzlichen Ansporn, in Kontakt mit Ihrem wahren Selbst zu bleiben. Sie bleiben zentriert, so dass Sie sich nicht so leicht von Reaktionen und Wünschen aus der Bahn werfen lassen, die nichts mit dem zu tun haben, was Sie wirklich gesund, glücklich, liebevoll und erfolgreich macht.

Die innere Absicht

Worte sind zwar nicht unbedingt notwendig, aber sie helfen Ihnen dabei, sich an Ihre Absichten zu erinnern und eine empfängliche Haltung zu schaffen. Für manche sind vielleicht die Worte »Komm, Energie« hilfreich, für andere nicht.

Mir persönlich helfen diese Worte wenig. »Komm, Energie« spricht irgendwie nur meinen Verstand an. Herz, Wille und Seele bleiben unbeteiligt. Um aber möglichst viel natürliche Energie aufnehmen zu können, müssen alle vier Ebenen der Persönlichkeit eingeschlossen werden. Wiederholung erzeugt die notwendige Konzentration, aber die Worte, die man auswählt, sprechen die Gefühle an, und mehr Gefühle machen empfänglicher. Am besten wählt man Worte, durch die man eine Empfindung der Aufrichtigkeit, Bescheidenheit, Verletzlichkeit, Empfänglichkeit und des Vertrauens erzeugt.

Für mich persönlich hat die folgende innere Absicht diese Wirkung: »Heilende Energie, ich brauche deine Hilfe, bitte komm; ich danke dir.« Diese kurze, ehrlich empfundene Bitte stärkt nicht nur meine Konzentration, sondern bezieht auch mein Herz, meinen Willen und meine Seele ein.

Wer einer bestimmten religiösen Richtung anhängt, kann der inneren Absicht den Namen der höheren Macht voranstellen, die in ihm eine Empfindung spiritueller Ehrerbietung erweckt. Wer es zum Beispiel gewöhnt ist, mit »Gott« zu sprechen, sagt vielleicht nicht »heilende Energie«, sondern ruft Gott an. Wenn ich mich in einem spirituellen Kontext wieder aufladen möchte, dann lautet meine persönliche innere Absicht: »Gott, mein Herz ist offen für dich, bitte komm, ruhe in meinem Herzen; ich danke dir.«

Weitere Beispiele können sein:

▷ Jesus, mein Herz ist offen für dich, bitte komm, ruhe in meinem Herzen; ich danke dir.

▷ Himmlischer Vater, mein Herz ist offen für dich, bitte komm, ruhe in meinem Herzen; ich danke dir.

▷ Mutter Gottes, mein Herz ist offen für dich, bitte komm, ruhe in meinem Herzen; ich danke dir.

▷ Allah, mein Herz ist offen für dich, bitte komm, ruhe in meinem Herzen; ich danke dir.

▷ Buddha, mein Herz ist offen für dich, bitte komm, ruhe in meinem Herzen; ich danke dir.

Wenn man sich nicht entscheiden kann, kann man einfach sagen:»Heilende Energie, ich brauche dringend deine Hilfe, bitte komm. Ich danke dir.« Diese Formel ist normalerweise für jeden geeignet, unabhängig vom spirituellen Hintergrund und den jeweiligen Überzeugungen. Wenn man aber einige Monate geübt hat, ist man mit der Wahrnehmung der Energie so vertraut, dass man auch die richtigen Worte findet. Kann man diese Energie einmal fühlen, dann entfalten auch die Gebete der eigenen spirituellen Tradition eine viel größere Wirkung.

Das Resonanzprinzip

Wer einmal gelernt hat, sich wieder aufzuladen und natürliche Energie durch die Fingerspitzen aufzunehmen, der kann die Wirkung noch verstärken, indem er sich mit den natürlichen Elementen umgibt. Versuchen Sie einmal, unter dem Einfluss von Wasser, Feuer, Luft und Erde neue Energie aufzubauen. Beachten Sie aber dabei, dass es letztlich nicht die Elemente sind, die die Energie bereitstellen. Sie helfen lediglich, sich auf die Frequenz der natürlichen Energie einzustimmen, die in unendlicher Fülle vorhanden ist.

Alle Energie breitet sich in Wellen und Frequenzen aus, und jedes Element hat sein eigenes Frequenzspektrum. Erkennt und nutzt man ein bestimmtes Element, dann öffnet dies Herz und Seele für die natürliche Energie, die mit diesem Element in Resonanz steht. Durch einen solchen Resonanzposten beginnt man, die Energie aufzunehmen.

Wenn man auf den Klaviertasten ein G anschlägt und in der Nähe eine Gitarre steht, dann beginnt die entsprechende Gitarrensaite automatisch mitzuschwingen und den Ton G weiterzutragen. Ebenso beginnt man selbst, wenn man natürliche Energie wahrnimmt, mit allen Frequenzen der Natur mitzuschwingen, und so findet man immer mehr Zugang zu ihr.

In gewisser Weise könnte man die verschiedenen Elemente mit Fernsehkanälen vergleichen. Alle Programme werden gleichzeitig ausgestrahlt. Wenn man einen neuen Kanal wählt, wechselt man lediglich die Frequenz. Und wenn man auf dieser Frequenz bleibt, dann entzieht man dadurch dem Sender keine Energie. Es wird immer auf dieser Frequenz gesendet, gleichgültig, ob jemand diesen Sender eingestellt hat oder nicht.

———◂◦▸———

Jedes natürliche Element ist ein »Kanal«,
auf dem man eine andere Frequenz positiver
Energie empfangen kann.

———◂◦▸———

Wenn ein Element reich an natürlicher Energie ist, dann wird die entsprechende Frequenz in einem selbst angesprochen, und man bekommt Zugang zu ihrer Energie. Eine frisch erblühte Rose zum Beispiel ist eine der stärksten heilenden Frequenzen der Natur. Selbst wenn man nichts von natürlicher Energie weiß, fühlt man sich doch vom Duft einer Rose gestärkt.

Wenn man Trost braucht, fühlt man sich automatisch von Situationen angezogen, in denen das Element vorhanden ist, das man am meisten benötigt. Manche Menschen lieben es, in der Sonne zu sitzen, während andere gerne lange duschen. Die eine Seele braucht mehr Feuerenergie, die andere mehr Wasserenergie. Als Junge saß ich immer gerne an der Heizung; dies war mein Bedürfnis nach Feuerenergie. Im späteren Leben stand ich lieber lange unter der Dusche; ich hatte das Bedürfnis, Wasserenergie in mich aufzunehmen.

---◄○►---

Man fühlt sich meist von Situationen angezogen,
in denen die Elemente vorherrschen,
die man am nötigsten braucht.

---◄○►---

Wenn man ein offenes Herz hat, wird man von dem angezogen, was man braucht. Ist das Herz dagegen verschlossen, fühlt man sich gerade von dem abgestoßen, was einem am meisten helfen könnte. Ist man zum Beispiel deprimiert, dann geht man nicht gerne in der freien Natur spazieren, obwohl einem gerade das besonders gut täte. Ist man sehr im Stress, dann kann man dem Gedanken nichts abgewinnen, sich wieder mit Energie aufzuladen. Zum Glück ist die hier vorgestellte Technik aber so einfach und flexibel, dass man sie in jeder Situation problemlos einsetzen kann. Weil sie so rasch wirkt, öffnet sich das Herz wieder, und man findet wieder Zugang zu der natürlichen Energie, die man braucht.

Um ein Element zu nutzen, kann man sich einfach in Gegenwart dieses Elements wieder aufladen, oder man genießt in irgendeiner anderen Weise dessen Einfluss. Um sich zum Beispiel mit Sonne aufzuladen, lässt man sich von den Strahlen der untergehenden Sonne bescheinen. Um sich mit Wasser aufzuladen, trinkt man viel Wasser, legt man sich in eine Badewanne oder stellt man sich unter die Dusche. Dieser Prozess des Wiederaufladens und Entladens wird noch ausführlicher dargestellt in meinem Buch *So bekommst du, was du willst, und willst, was du hast.*

Zwei: Die Technik des Energieabbaus

Nur dann, wenn man seinem Herzen folgt, nicht den Vorschriften anderer, kann man wachsen und die wunderbare in-

157

nere Kraft verwirklichen. Sei dir selbst gegenüber wahrhaftig, und die Wahrheit wird zu dir kommen! Es ist in Ordnung, wenn man versucht, ein freundlicher Mensch zu sein, aber das darf nicht dazu führen, dass man seinen freien Willen aufgibt. Man kann es nicht allen recht machen – und deshalb sollte man es auch gar nicht erst versuchen.

Zugleich sollte niemand es zulassen, dass ihn die eigenen Reaktionen daran hindern, sein wahres Wesen zum Ausdruck zu bringen. Stattdessen sollte in allen Handlungen und Entscheidungen das wahre rücksichtsvolle, mitleidsvolle, überlegte und geduldige Selbst zum Vorschein kommen.

Echte Freiheit hat man nur dann, wenn man frei ist von suchtähnlichen Wünschen und Reaktionen. Sehr oft wissen wir genau, dass etwas nicht gut für uns ist, aber wir tun es trotzdem. Das Verlangen ist so stark, dass wir einfach nicht widerstehen können. Aber es ist unnatürlich, etwas haben zu wollen, das man gar nicht braucht. Damit verliert man die Verbindung zu seinem inneren Potenzial. Wenn man lernt, zu seinen wahren Bedürfnissen und Wünschen zu finden, dann kann man sich von ungesunden Reaktionen und von Suchtverhalten befreien.

Um die Verbindung zum eigenen wahren Selbst aufrecht zu erhalten, das selbstbewusst, fröhlich, gelassen und liebevoll ist, muss man lernen, sich von Schmerz und Kummer zu befreien. Wie sich an einem Auto im Laufe der Zeit Schmutz ansammelt, so geschieht dies auch mit der Seele. Und wie man sich mit positiver Energie aufladen kann, so kann man auch lernen, sich von Stress und Kummer zu befreien. Verschiedene einfache Techniken zum Energieabbau, bei denen man sich bewusst der Naturelemente bedient, sorgen dafür, dass man sich rasch besser fühlt.

Wenn man einmal die Technik des Energieaufbaus praktiziert hat, kann man sofort auch zum Energieabbau übergehen. Für viele Menschen ist diese Technik noch hilfreicher als der Energieaufbau. Energieabbau hilft dabei, sich zu entspannen und Stress und Kummer loszulassen, so dass man sich wieder besser fühlt und durch Energieaufbau mehr positive Energie aufnehmen kann. Fühlt man sich angespannt, dann ist die Energie blockiert. Sie staut sich auf, und man hat das Gefühl, platzen zu müssen. Durch die Technik des Energieabbaus kann man sich von dieser überschüssigen Energie befreien, ohne anderen Menschen gegenüber »in die Luft gehen« zu müssen.

Suchtverhalten ist immer nur ein untauglicher und ungesunder Versuch, überschüssige Energie abzubauen. Mit der Technik des Energieabbaus gelingt dasselbe in einer unschädlichen Weise. Sie hilft dabei, süchtiges Verhalten aufzugeben und Stimmungsschwankungen zu glätten.

Von anderen Menschen nehmen wir nicht nur positive Energie, sondern auch Stress und Niedergeschlagenheit auf. Vor allem Kinder nehmen den Stress und den Kummer ihrer Eltern auf. Sind diese nicht in der Lage, in verantwortlicher Weise mit ihren Problemen umzugehen, dann belasten sich die Kinder oft mit diesen negativen Emotionen. Diese Tendenz, die Belastungen und den Kummer anderer auf sich zu nehmen, kann bis in das Erwachsenenalter hinein fortbestehen. Um dagegen etwas zu unternehmen, muss man zunächst einmal lernen, weniger auf die Bedürfnisse anderer Menschen und mehr auf seine eigenen zu achten.

———◁◦▷———

Kinder übernehmen in starkem Maße den Stress,
den Kummer und auch die Schmerzen ihrer Eltern.

———◁◦▷———

Befreit man sich von Stress und nimmt man anschließend neue positive Energie auf, dann ist man weniger anfällig für den Stress anderer. In vielen Fällen ist Stress eine der wesentlichen Ursachen von Krebs und anderen lebensbedrohlichen Krankheiten. Wenn die medizinischen Bemühungen versagen, dann meist deshalb, weil die Selbstheilungskräfte des Betreffenden durch jahrelangen Stress und Kummer erschöpft sind. Solange man nicht lernt, überschüssige Energie abzubauen und sich mit frischer, natürlicher Energie zu versorgen, bleibt der Körper krankheitsanfällig. Sehr viele Krankheiten werden durch zu geringe Aufnahme von Wasser verschärft, durch das man Giftstoffe ausschwemmen könnte, aber auch durch die Unfähigkeit, sich von vergangenem Stress und Kummer zu befreien.

———◄◊►———

Nach einem Energieabbau sollte man sich einige Minuten wieder mit frischer Energie aufladen.

———◄◊►———

Als ich selbst die Technik des Energieabbaus erlernt hatte, war eine große Last von meinen Schultern genommen. Endlich konnte ich die Naturelemente in einer wirksamen Weise einsetzen, um mich von angesammeltem Stress zu befreien.

Der natürliche Fluss der Energie

Liebevoll und hilfsbereit zu sein, gibt uns nicht nur ein gutes Gefühl, sondern auch Energie. Zugleich aber wächst die Gefahr, dass man dadurch viel Stress und Kummer auf sich nimmt. Dieses Problem kann man vermeiden, indem man sich ständig mit positiver Energie versorgt und lernt, überschüssige Energie wieder an die Natur zurückzugeben.

Wer anderen Menschen hilft, die unter Stress oder Kummer leiden, nimmt oft selbst etwas von deren Stress und Kummer auf. Unterstützung anderer ist letztlich immer ein Energieaustausch. Handelt es sich um eine hilfreiche Beziehung, dann gewinnt man dadurch positive Energie. Ist man selbst jedoch weniger angespannt als der andere, dann übernimmt man einen Teil von dessen Anspannung. Während dem anderen der Austausch Erleichterung verschafft, geht ein Teil von seinem Stress auf den Helfer über.

———◄○►———

Man nimmt positive Energie auf,
wenn man anderen hilft, aber auch ein wenig
von deren Stress und Kummer.

———◄○►———

Dies funktioniert wie der Ausgleich zwischen Wärme und Kälte. Ein warmes Zimmer wird kühler, und ein kühles Zimmer wird wärmer, wenn man die Tür dazwischen öffnet. Wenn jemand nicht entsprechend darauf vorbereitet ist, werden die Belastungen im eigenen Leben ihm immer drückender erscheinen. Wenn man am Arbeitsplatz keine Möglichkeit hat, Stress regelmäßig abzubauen, dann wird man irgendwann krank. Anderen Menschen etwas zu geben ist für einen selbst befriedigend – bis man so viel Stress von ihnen übernommen hat, dass man die Energie, die man selbst braucht, nicht mehr aufnehmen kann. Durch die Technik des Energieabbaus befreit man sich von diesem Überschuss, wodurch man seine Belastung wieder auf ein erträgliches Maß verringern kann. Man braucht dabei nicht zu befürchten, in einen Energiemangel zu geraten. Man befreit sich nur von überschüssiger Energie. Wenn man diese aufgelöst hat, findet man wieder zu Frieden, Freude, Selbstvertrauen und Liebe zurück.

———◄○►———

Durch die Technik des Energieabbaus befreit man
sich von einem Energieüberschuss,
wodurch man seine Belastung wieder auf ein
erträgliches Maß verringern kann.

———◄○►———

Nimmt man sehr viel positive Energie auf, kann dies allerdings auch Probleme aktivieren und so verschärfen, dass man sie kaum mehr in den Griff bekommt. Viele kennen das Gefühl, dass man sich bei besonderen Anlässen, bei denen man von sehr viel Liebe und Energie umgeben ist, plötzlich gereizt und überfordert fühlt. In einem solchen Fall muss man einfach diesen Stress abbauen, indem man ein wenig von dieser überschüssigen Energie abfließen lässt. Mutter Natur ist ja immer bereit, ein wenig von der Energie zu übernehmen, die einen überwältigt und gereizt macht.

Nimmt man sehr viel Energie auf, dann belädt man sich meist auch mit etwas Stress. Stress führt dazu, dass man sich zusammenzieht. Je mehr Stress man aufnimmt, desto weniger Energie kann man vertragen. Befreit man sich von überschüssiger Energie, findet man wieder zu seiner Mitte, und so kann man sich wieder mit mehr Energie aufladen.

Manchmal kann es vorkommen, dass Sie beim Aufladen nicht sofort den Strom der Energie spüren. Dies kann daran liegen, dass Sie sich zum Schutz vor übermäßigem Stress verschlossen haben. Sie können einfach nicht noch mehr Energie bewältigen. In einem solchen Fall sollten Sie zuerst Energie abbauen, um sich zu entspannen, bevor Sie sich wieder mit Energie aufladen.

——— ◄◦► ———

Manche Menschen können sich wieder mit mehr Energie aufladen, nachdem sie zuerst überschüssige Energie abgebaut haben.

——— ◄◦► ———

Zu stark aufladen kann man sich eigentlich kaum. Die Technik des Energieaufbaus führt nicht zu einem Energieüberschuss. Wenn man genügend Energie aufgenommen hat, wirkt diese Technik einfach nicht mehr, bis man wieder etwas von dieser Energie verbraucht hat. Überschüssige Energie bekommt man nur dadurch, dass man etwas von dieser Energie abgibt und man mehr zurückbekommt. Schenkt man anderen Menschen seine Liebe und Unterstützung, dann kehrt in einem ganz konkreten Sinn mehr Energie zu einem selbst zurück. Wer sehr viel gibt, bekommt irgendwann einen Überschuss an Energie. Dann ist der Punkt erreicht, dass man Energie abbauen muss.

Dies erklärt auch, warum viele Menschen lebensbedrohliche Krankheiten wie zum Beispiel Krebs bekommen. Sie wollen liebevoll sein, indem sie sehr viel geben und den Stress und den Kummer anderer Menschen auf sich nehmen. Ich habe es immer wieder selbst erlebt, wie sich die Heilung von Patienten mit Krebs und vielen anderen Krankheiten durch die Technik des Energieabbaus beschleunigte. Energieüberschuss ist zweifellos ein wesentlicher Faktor bei chronischen Schmerzen und Krankheiten. Selbst chronische Müdigkeit ist das Ergebnis von zu viel Energie. Das ist nur auf den ersten Blick paradox: Man fühlt sich nur dann voller Energie, wenn diese Energie auch strömen kann. Müdigkeit entsteht aus aufgestauter Energie, und dies ist überschüssige Energie, die dazu führt, dass der Körper seine Selbstheilungsfähigkeit verliert. So entstehen Stress, Kummer, Müdigkeit und Schmerzen. Statt sich von einer Krankheit in natürlicher Weise zu heilen, wird der Körper immer schwächer, bis schließlich eine lebensbedrohliche Krankheit ausbricht.

Stress, Kummer, Müdigkeit und Schmerzen können nur entstehen, wenn die eigene Energie durch negative Überzeugungen und Handlungen aufgestaut wird. Entspannt man sich, so dass Haltungen wie Verständnis, Nachsicht, Wertschätzung und Vertrauen wieder an die Oberfläche kommen können, dann hört der Stress auf. Stress ist wie Dunkelheit: Man kann sie als solche nicht vertreiben, aber man kann das Licht einschalten. Durch Verständnis, Nachsicht und andere positive Empfindungen befreit man sich ganz von selbst von der Finsternis des Stresses.

Wenn es draußen einmal sehr heiß ist und man unter dieser Hitze leidet, dann stellt man sich unter die Dusche, um sich abzukühlen. Dann kann man wieder hinausgehen und sich der Hitze aussetzen. Wenn man gereizt ist, atmet man ein paarmal tief durch, um sich zu entspannen und wieder seine Mitte zu finden. Das sind beides Beispiele für einfache Techniken zum Ableiten von Energie.

Nehmen wir einmal an, man könnte diese Energie in Watt messen wie bei Glühbirnen. Wenn man dann einhundert Watt gelassener Energie hat und aus seiner Umgebung zweihundert Watt belastender Energie aufnimmt, dann ist es klar, dass man zu viel Energie hat und sich unter Stress fühlt. Hat man dagegen zweihundert Watt gelassener Energie und nimmt einhundert Watt belastender Energie auf, dann wäre man davon nicht so sehr betroffen. Natürlich würde diese überschüssige Energie immer noch etwas Stress verursachen.

Hat man zweihundert Watt gelassener Energie und nimmt man weitere zweihundert Watt gelassener Energie auf, obwohl man nur zweihundert Watt vertragen kann, dann gerät man zweifellos in Stress. Kleine Dinge, die einen normalerweise nicht belasten würden, werden dann zu großen Problemen. Ein Übermaß an Energie ist der Hauptgrund dafür, warum man manchmal zu Überreaktionen neigt.

Bei allen genannten Beispielen hilft die Technik des Energieabbaus dabei, den Energiepegel abzusenken, so dass man besser mit seinem Stress fertig wird. Energieabbau ist die allerbeste Stress-Bewältigungstechnik.

Dieser Energieabbau erfordert keinen großen Aufwand. Man nutzt einfach seine Erholungszeit wirksamer, indem man das Stressniveau reduziert und dafür sorgt, dass man glücklich sein kann. Ich hoffe, dass dieses Wissen viele Menschen motivieren wird, sich mehr Zeit für Genuss und Entspannung in der Natur zu nehmen. Mit dieser neuen Erkenntnis ist die Verbindung mit der Natur kein Luxus mehr, sondern eine Notwendigkeit, um Erfolg, Liebe und Gesundheit zu bewahren.

Energieabbau ist die allerbeste
Stress-Bewältigungstechnik.

Es besteht auch kein Grund, sich vor eigenem Stress oder demjenigen anderer Leute zu ängstigen. Wenn man Stress in wenigen Minuten aufnehmen kann, dann kann man ihn auch in wenigen Minuten wieder abgeben. Je sensibler man ist, desto mehr neigt man natürlich zu Stress. Aber dies ist durchaus kein Problem; es ist nur dann eines, wenn man sich nicht Zeit dafür nimmt, den Stress wieder abzubauen.

Wenn Sie sich also wieder einmal unter Druck, überlastet oder überwältigt fühlen, dann können Sie sich einfach klar machen, dass Sie zu viel Energie aufgenommen haben und es an der Zeit ist, diese wieder abzubauen. Dabei spielt es keine Rolle, ob Sie gelassene, liebevolle Energie oder Stress-Energie aufgenommen haben: Wenn es zu viel ist, bekommen Sie Stress.

Der Stress anderer Menschen belastet einen nur, wenn dadurch der eigene Energiepegel zu hoch ansteigt. Sehr oft ist man ganz gut in der Lage, den Stress anderer Menschen abzufedern. Man nimmt in diesem Fall den Stress auf, aber man hat genügend gelassene positive Energie, um ihn umzuwandeln. In Stress gerät man nur, wenn die aufgenommene Belastung größer ist als die Gelassenheit, die man besitzt. Angst vor Belastungen ist daher unnötig, aber man sollte auch wissen, dass man in Stress geraten oder sogar krank werden kann, wenn man sich nicht Zeit dafür nimmt, die überschüssige Energie wieder abzubauen.

Die drei Stufen des Energieabbaus

Diese Technik lässt sich in drei Schritten sehr einfach erlernen. Allerdings sollten Sie nicht versuchen, die höheren Stufen zu schnell zu erreichen. Einige Wochen sollten Sie für jede Stufe mindestens üben.

Stufe 1
Die Technik des Energieabbaus ähnelt sehr derjenigen des Energieaufbaus. Wiederholen Sie das innere Anliegen für den Energieaufbau etwa zehnmal mit erhobenen Händen, um die Fingerspitzen zu aktivieren. Führen Sie dann die Hände in Gegenwart eines Naturelements nach unten und wiederholen Sie das gewählte innere Anliegen zum Energieabbau.

Ihre innere Absicht zum Energieabbau formulieren Sie einfach, indem Sie der inneren Absicht zum Aufbau einen weiteren Satz hinzufügen.

Nachfolgend ein Beispiel:

Heilende Energie,
ich brauche dringend deine Hilfe.
Bitte komm zu mir.
Nimm meine überschüssige Energie von mir.
Danke.

Die Hinzufügung des Satzes »nimm meine überschüssige Energie von mir«, hat eine ganz erstaunliche Wirkung. Plötzlich kehrt sich der Energiestrom um, und man fühlt, wie Energie über die Fingerspitzen ausströmt. Dabei kann man seine Handstellung so verändern, wie es am angenehmsten ist. Möglicherweise verstärkt sich der Strom dadurch, dass man die Hände locker seitlich herabhängen lässt, vielleicht auch dadurch, dass man mit den Fingern in Richtung der gewählten natürlichen Energie zeigt.

Hat man ein inneres Anliegen zum Energieabbau gefunden, bei dem man sich wohl fühlt, sollte man dieses mehrere Wochen beibehalten. Benutzt man dabei jedes Mal genau die gleichen Worte, dann wird dies zu einem automatischen und dadurch besonders wirksamen Vorgang.

Stufe 2

Wenn man Stufe 1 gut beherrscht, kann man zu Stufe 2 übergehen. Dabei formuliert man sein Anliegen präziser und verbessert damit die Erfolgsaussichten. Nachdem man sich an die Naturenergie gewandt hat, besinnt man sich einfach einen Augenblick darauf, dass das gewählte Element Naturenergie enthält. Statt zu sagen »Nimm meine überflüssige Energie von mir«, sagt man jetzt zum Beispiel genauer: »Verbrenne mit deinem Feuer meine überschüssige Energie.« Auf Stufe 2 würde die innere Absicht zum Energieabbau wie folgt lauten:

Heilende Energie,
ich brauche dringend deine Hilfe.
Bitte komm zu mir.
Ich weiß, dass du in diesem Feuer bist.
Verbrenne mit diesem Feuer meine überschüssige Energie.
Danke.

Durch diese kleine Veränderung und die Präzisierung des Anliegens werden Herz, Verstand und Wille besser in den Abbauprozess einbezogen.

»Ich weiß, dass du in diesem Feuer bist«, bindet den Verstand stärker ein. »Mit diesem Feuer« stellt die Verbindung zwischen dem Willen und dem Feuer her. »Verbrenne meine überschüssige Energie« ist weniger allgemein als »Nimm meine überschüssige Energie von mir«. Dadurch wird die Bitte poetischer und prägnanter, wodurch das Herz mehr beteiligt wird.

Durch diese beiden Veränderungen auf Stufe 2 kommt man

in eine bessere Verbindung und Resonanz mit der natürlichen Heilenergie im Feuer. Eine ähnliche Anpassung ist mit beliebigen anderen Elementen möglich.

Nachfolgend einige Beispiele:

Heilende Energie,
ich brauche dringend deine Hilfe.
Bitte komm zu mir.
Ich weiß, dass du in diesem Wasser bist.
Spüle mit diesem Wasser meine überschüssige Energie fort.
Danke.

Heilende Energie,
ich brauche dringend deine Hilfe.
Bitte komm zu mir.
Ich weiß, dass du in dieser Erde bist.
Ziehe mit dieser Erde meine überschüssige Energie heraus.
Danke.

Heilende Energie,
ich brauche dringend deine Hilfe.
Bitte komm zu mir.
Ich weiß, dass du in dieser frischen Luft bist.
Trage mit dieser Luft meine überschüssige Energie fort.
Danke.

Heilende Energie,
ich brauche dringend deine Hilfe.
Bitte komm zu mir.
Ich weiß, dass du in dieser schönen Musik bist.
Löse mit dieser Musik meine überschüssige Energie auf.
Danke.

Heilende Energie,
ich brauche dringend deine Hilfe.

Bitte komm zu mir.
Ich weiß, dass du in dieser angenehmen Empfindung bist.
Nimm durch diese Massage meine überschüssige Energie
auf.
Danke.

Mit all diesen konkreten Sätzen kann man den gewünschten
Energiestrom herbeiführen. Wenn der Energiestrom in Gang
gekommen ist, kann man die innere Absicht auch abkürzen.
Zum Beispiel:

Heilende Energie in diesem Feuer,
bitte verbrenne meine überschüssige Energie.
Danke.

Heilende Energie,
nimm mit diesen schönen Rosen meine überschüssige
Energie von mir.
Danke.

Grundsätzlich sollten Sie die längere Formulierung der inneren Absicht mindestens zehnmal verwenden, bevor Sie die
kürzere gebrauchen. Wenn Ihr Geist zu wandern beginnt oder
Ihr Energiestrom abnimmt, kehren Sie einfach wieder zur
längeren Formulierung zurück.

Die fünf Elemente können Sie auch ganz konkret in den
Energieabbau einbeziehen. Für das Feuerelement können Sie
einen offenen Kamin, die Strahlen der aufgehenden oder untergehenden Sonne oder einfach nur eine Kerze verwenden.
Vor allem ein Energieabbau unter dem Vollmond ist eine der
wirkungsvollsten Möglichkeiten, das Herz zu öffnen.
Für das Element Erde können Sie den Boden, große Steine,
Kristalle, Bäume, den Garten, Gras und im Grunde alles verwenden, was in der Natur wächst. Blumen sind besonders gut

zur Befreiung von schweren Krankheiten oder emotionalen Belastungen geeignet. Gold und Diamanten und sonstige Steine sind ebenfalls überaus wirksam.

Entscheidet man sich für das Element Luft, ist frische Luft das Beste. In diesem Fall führt man den Energieabbau bei einem Spaziergang oder bei sportlicher Betätigung durch.

Wenn man mit dem Element Wasser arbeiten möchte, kann man dazu die Badewanne, den Whirlpool oder die Dusche verwenden. Man kann im Wasser sein oder nur in der Nähe vom Wasser. Am besten gelingt der Energieabbau in oder an einem Fluss oder See oder am Meer.

Je mehr man mit einem bestimmten Element arbeitet, desto mehr wird man mit diesem verbunden. Konzentriert man sich einen Monat lang ganz auf ein bestimmtes Element, dann gelingt der Energieabbau immer besser. Man sollte zunächst verschiedene Elemente probieren, um herauszufinden, welches für einen am besten geeignet ist. Dann bleibt man mindestens einen Monat lang bei diesem Element. Danach kann man es mit den übrigen vier Elementen versuchen. Eine Empfehlung für eine bestimmte Reihenfolge gibt es nicht. Wenn man nicht weiß, womit man beginnen soll, rate ich Gefühlstypen zu Wasser. Ist man eher physisch veranlagt, ist Erde besser. Mehr geistig orientierte Menschen beginnen mit Luft und intuitive Menschen mit Feuer.

Falls man durch Eifersucht, Vorwürfe oder Groll blockiert ist, arbeitet man ebenfalls mit Feuer. Liegen die Blockierungen in Niedergeschlagenheit, Zaudern oder Selbstmitleid, arbeitet man mit Erde. Ist man durch Verunsicherung, Entschlusslosigkeit oder Ängstlichkeit blockiert, arbeitet man mit Luft. Sind die Blockierungen Teilnahmslosigkeit, Perfektionismus oder Schuldgefühle, nimmt man Wasser.

Möchte man mehr Gelassenheit, Geduld und Erfüllung, versucht man es mit Feuer. Braucht man mehr Freude, Optimismus und Inspiration, arbeitet man mit Erde. Sehnt man sich nach Selbstvertrauen, Stärke und Mut, hilft Luft am besten. Braucht man mehr Liebe, Bescheidenheit und Unschuld, probiert man es mit Wasser.

Stufe 3

Wenn der Energieabbau zur Routine geworden ist, kann man einen weiteren Satz hinzufügen, mit dem man den Zustand beschreibt, von dem man sich befreien möchte. Auf Stufe 1 und 2 war es nur wichtig, eine Vorstellung von dem zu haben, wovon man sich befreien wollte. Auf der dritten Stufe sagt man genau, wovon man sich befreien möchte.

Mit jeder Stufe steigt die Präzision. Man muss die Technik des Energieabbaus in Stufen lernen, weil zu große Genauigkeit am Anfang dazu führen würde, dass der ganze Vorgang zu rational abläuft, statt einfach und mühelos. Deshalb sollten Sie erst dann zu Stufe 3 übergehen, wenn Sie die Stufe 2 ganz selbstverständlich beherrschen.

Auf der dritten Stufe fügen Sie noch einen einfachen Satz hinzu, mit dem Sie ganz kurz in Worte fassen, was Sie abbauen möchten. Zum Beispiel:»Befreie mich von meiner Täuschung« oder»Befreie mich von meinem Zorn«. Sind Sie angespannt oder haben Sie Kummer, ist es sehr effektiv, Emotionen zu benennen, die Sie spüren können. Emotionen, die man bewusst wahrnimmt, lassen sich viel leichter abbauen.

Es hätte auch keinen Sinn zu sagen:»Befreie mich von dem Zorn, den ich vielleicht empfinde.« Es ist viel besser zu sagen »Befreie mich von meinem Zorn«. Während man diesen Satz denkt, sollte man versuchen, seinen Zorn etwas intensiver zu spüren. Lassen Sie ihn anwachsen, während Sie ihn weiter abbauen; dann wird er einfach von selbst verschwinden. Man könnte vielleicht sogar sagen:»Befreie mich von meinem Zorn über die Situation an meinem Arbeitsplatz.« Seien Sie präzise, aber formulieren Sie einfach.

Die alte Art, mit Ärger umzugehen, bestand darin, einen Streit vom Zaun zu brechen. Baut man die überflüssige Energie ab, die hinter dem Ärger steckt, dann verschwindet Letzterer, und man kann sich wieder versöhnen.

Streiten und Schreien ist wirklich die altmodischste Art, Energie abzubauen. Dies erklärt, warum Jugendliche, die sich prügeln, nachher oft die besten Freunde werden. Durch die Prügelei befreien sie sich von überschüssiger Energie, und dann entdecken sie, dass sie eigentlich ganz gut miteinander auskommen.

Paare sind oft nach einem heftigen Streit nicht deshalb wieder friedlich, weil sie irgendetwas gelöst hätten, sondern nur deshalb, weil sie dadurch ihre überschüssige Energie abgebaut haben. Oft vergisst man schon während des Streits, was eigentlich der Anlass der Auseinandersetzung war. Haben sich die Partner von überschüssiger Energie befreit, dann fließt die Energie wieder, und vielleicht haben sie dann leidenschaftlichen Sex miteinander.

Allerdings ist Streiten letztlich kein geeignetes Mittel, um überschüssige Energie abzubauen. Sooft man zu viel Energie hat, bricht man nämlich wieder einen Streit vom Zaun, bis man sich irgendwann innerlich verschließt und keine Energie mehr aufnehmen will. Die Technik des Energieabbaus ist dagegen eine heilende und harmonische Möglichkeit, sich von überschüssiger Energie zu befreien, ohne streiten zu müssen.

Von vielen zwanghaften Verhaltensweisen und Reaktionen kann man sich deshalb nicht befreien, weil man zu viel Energie hat und nicht weiß, wie man sich von dieser befreien könnte. Man tut Dinge, die man später bedauert und man beschließt, es nicht wieder zu tun. Aber es geschieht doch immer wieder. Und zwar deshalb, weil dieses ungesunde Verhalten doch in irgendeiner Weise die überschüssige eigene Energie aufzehrt und vorübergehende Erleichterung verschafft. Rauchen, Trinken und übermäßiges Essen verschaffen Erleichterung, weil sie in irgendeiner Weise überschüssige Energie verbrennen. Das wäre eine großartige Sache, aber leider belastet man dadurch auch seinen Körper.

Beim Abbau von Stress, Kummer, Druck und Schmerz empfiehlt es sich, damit verbundene Emotionen ganz bewusst
wahrzunehmen. Die zwölf Emotionen mit der stärksten Heil-
wirkung beim Energieabbau sind Zorn, Trauer, Furcht, Kummer, Frustration, Enttäuschung, Beunruhigung, Verlegenheit,
Schmerz, Panik und Beschämung.

Nachfolgend ein Beispiel für eine Formulierung der inneren Absicht zum Energieabbau auf Stufe 3:

Heilende Energie,
ich brauche dringend deine Hilfe.
Bitte komm zu mir, *befreie mich von meinem Zorn.*
Ich weiß, dass du in diesem Feuer bist.
Verbrenne mit diesem Feuer meine überschüssige Energie.
Danke.

Mit Hilfe der Blockbuster-Tabelle, die ich in einem späteren
Kapitel vorstelle, kann man feststellen, welche Emotionen
man abbauen muss, um eine Blockierung am einfachsten zu
beheben. Manchmal ist es schwierig festzustellen, welche
Emotion der Anspannung zugrunde liegt. In diesem Fall
nimmt man einfach die Liste zur Hand und probiert die einzelnen Punkte aus, bis es »klickt« und man den Energiestrom
zu spüren beginnt. Dabei stellt man fest, dass die zugrunde
liegende Emotion zunächst stärker wird, bis sie abklingt und
schließlich ganz aufhört.

Wenn man gezielter vorgehen will, kann man für bestimmte Emotionen bestimmte Elemente verwenden. Feuer
baut Zorn, Frustration und Wut am besten ab. Erde ist am besten für Trauer, Enttäuschung und Verletzung geeignet. Luft
empfiehlt sich für Furcht, Besorgnis und Panik. Wasser ist am
besten für Kummer, Verlegenheit und Beschämung geeignet.

Ob man krank, unter Stress oder aus der Fassung ist, durch
Energieabbau kann man sich jederzeit die gewünschte Erleichterung verschaffen. Sogar in geschäftlichen Dingen ist

man erfolgreicher, wenn man die Technik des Energieabbaus praktiziert. Wenn man sich gelassen, entspannt, aber zugleich begeistert und motiviert fühlt, sind andere viel eher bereit, mit einem zusammenzuarbeiten.

Letztlich verhilft Energieabbau zu mehr Souveränität und Authentizität, und man kann aufhören, auf die Einschränkungen und Hemmnisse des Lebens übermäßig oder zwanghaft zu reagieren. Diese Freiheit, man selbst zu sein, verleiht immer mehr Kraft, im eigenen Leben kleine Wunder zu wirken.

Drei: Die natürliche Energiediät

Um zu lernen, als ob man ein Anfänger wäre, muss man Herz und Seele öffnen und immer mehr wachsen. Man kann sich bei Experten Rat holen, aber man sollte sich ihnen nicht ausliefern. Jeder Mensch weiß in seinem Herzen selbst am allerbesten, was gut für ihn ist. Um im Leben wachsen zu können, muss man auch von anderen und ihren Erfahrungen lernen, aber man sollte vor allen Dingen dem eigenen Gewissen folgen.

Wenn man andererseits glaubt, alles zu wissen und andere nicht zu brauchen, hindert man sich selbst unbewusst an Veränderungen. Es ist nichts Beschämendes daran, Hilfe zu benötigen. Und heute steht jedem mehr Wissen und Unterstützung zur Verfügung als jemals zuvor. Man braucht nur in eine Buchhandlung oder ins Internet zu schauen, und schon hat man Verbindung zu den besten Fachleuten der Vergangenheit und Gegenwart.

Wer einmal verstanden hat, warum er immer wieder krank wird, der kann auch lernen, wie er sich seine Gesundheit, seine Kraft und sein Durchhaltevermögen erhält, um sich wachsenden Erfolg und dauerhafte Liebe zu sichern. Wer erkennt, wie er selbst zu den eigenen Beschränkungen beiträgt, der kann positive Veränderungen in Angriff nehmen. Aber diese Kraft und Klarheit kann man sich nur erhalten, wenn der Körper gesund ist oder sich zumindest auf dem Weg zur Gesundung befindet.

Die hier beschriebene natürliche Energiediät ist leicht einzuhalten, wenn man einmal gelernt hat, seinen Stress abzubauen. Dann wird man sich in natürlicher Weise gelassen fühlen, voller Energie mit der Erde verbunden. Mit den Herausforderungen des Lebens kann man dann so mühelos umgehen, wie man es nie für möglich gehalten hätte. Auf diesem festen Fundament entsteht Verbindung zu den innersten Wünschen, Mut zum Risiko, schließlich Erfolg.

Um von der Heilung profitieren zu können, die durch Abbau und Wiederaufbau von Energie eintritt, sollten Sie zunächst einmal reichlich Wasser trinken. Dies ist die Basis der natürlichen Energiediät. Wenn Sie Ihr Energieniveau anheben, um erfolgreicher, liebevoller und gesünder zu sein, dann ziehen Sie damit unvermeidlich auch Stress und Missbefinden an. Dies ist auch der Grund, warum berühmte Menschen manchmal krank werden oder unter starken Stimmungsschwankungen leiden. Wenn man aber einmal Bescheid weiß, kann man diese Probleme durch regelmäßigen Abbau der sich aufstauenden Energie beseitigen. Führt man eine solche energetische Reinigung durch, dann muss auch auf der physischen Ebene eine Reinigung geschehen.

Eine Reinigung auf der seelischen, geistigen und emotionalen Ebene führt notwendigerweise dazu, dass Giftstoffe in den Körper abgegeben werden, die ausgeschieden werden müssen. Wenn Sie dann nicht mehr Wasser trinken, um die Toxine auszuschwemmen, können die positiven Veränderungen an Geist, Herz und Seele nicht von Dauer sein. Um gesund bleiben zu können, braucht Ihr Körper täglich etwa zwei Liter Wasser. Genauer gesagt, je Kilogramm Körpergewicht braucht man dreißig Gramm. Wiegt man zum Beispiel fünfundsiebzig Kilogramm, dann braucht man 2,5 Liter Wasser, also fünf Gläser zu einem halben Liter. Trinkt man mehr als hundert Milliliter Wasser alle zwanzig Minuten, dann sollte man dem Wasser eine Prise Meersalz hinzufügen. Andere Flüssigkeiten sind nicht geeignet. Wenn Sie sich von Stress, Kummer, Widerständen oder Krankheit reinigen wollen, dann braucht Ihr Körper doppelt so viel Wasser, nämlich etwa vier Liter am Tag. Wer Sport treibt und schwitzt, braucht sogar noch mehr.

Hat man gerade eine Krankheit hinter sich und trinkt nicht täglich vier Liter Wasser, dann können die in den Körper abgegebenen Giftstoffe vorübergehend die Symptome verschlimmern. Auch wenn man eine Heildiät durchführt und nicht genug Wasser zur Beseitigung der Giftstoffe trinkt, empfindet man die neue gesunde Kost als Qual. Wenn die Zeit der Diät vorbei ist, stürzt man sich dann mit Heißhunger auf alles Essbare.

———◄○►———

Bei jeder Heildiät oder seelischen Reinigung ist es wichtig, genug Wasser zu trinken, weil nur so die Giftstoffe aus dem Körper geschwemmt werden können.

———◄○►———

Aus diesem Grund sollte man, sobald man begonnen hat, zur Beseitigung von Giftstoffen mehr Wasser zu trinken, einige wenige, aber wichtige Veränderungen der Ernährungsgewohnheiten vornehmen. Die erste und wichtigste Veränderung besteht darin, dass man mehr natürliche Lebensmittel isst und auf raffinierte und denaturierte Speisen verzichtet. Natürliche Lebensmittel sind nicht in irgendeiner Weise behandelt, um sie haltbarer zu machen. Lebensmittel, die rasch verderben, sind genau diejenigen, die der Körper am leichtesten verwerten kann.

Vor allen Dingen sollte man auf raffinierten Zucker verzichten. Das bedeutet nicht, dass Sie nie mehr Süßes essen dürfen. Es kommt einfach darauf an, erst einmal von der Sucht nach Zucker loszukommen, damit Sie wieder Ihren natürlichen Hunger spüren. Dann können Sie wieder in Maßen gelegentlich Süßes essen, aber erst dann, wenn Sie Ihr Normalgewicht haben. Immer wenn man einen natürlichen Hunger spürt, hört das suchtartige Verlangen nach Zucker und anderen Nahrungsmitteln, die dem Körper schaden, auf. Als ich selbst lernte, statt Zucker natürliche Nahrungsmittel zu essen, nahm ich mühelos alle paar Tage ein halbes Kilo ab. Nachdem ich so in acht Wochen fünfzehn Kilo abgenommen hatte, hatte ich wieder meine natürliche, gesunde Figur. Und deshalb fühle ich mich jetzt beschwingt und stark. Vier Liter Wasser am Tag und die Technik des Energieabbaus machen es ganz leicht, auf raffinierten Zucker zu verzichten. Wenn man wieder gesund ist, genügen auch zwei Liter Wasser täglich, aber möglichst nicht weniger. Hat man sein natürliches Durstempfinden wieder gefunden, wird man bei Stress automatisch Durst über die üblichen zwei Liter täglich hinaus verspüren.

Hört man auf, raffinierten Zucker zu essen (süßes Obst ist dagegen erlaubt), dann beginnt der Körper spontan mit der Selbstheilung, indem er versucht, angesammelte Giftstoffe auszuscheiden. Stellt man ihm dann nicht genügend Wasser zum Ausschwemmen der Giftstoffe zur Verfügung, dann führt dies sehr schnell dazu, dass der Körper mit diesem Übermaß nicht fertig wird. Dadurch sinkt die Energie, und schon hat man wieder Verlangen nach dem »Kick« durch raffinierten Zucker. Aber mit vier Litern Wasser am Tag weicht das Verlangen nach Zucker sehr schnell einem gesunden Verlangen nach natürlichem Obst oder Honig. Künstliche Süßstoffe sind dagegen ungesund, und man sollte sie unbedingt meiden.

————◦————

Um Übergewicht abzubauen und gesund zu bleiben,
sollte man vor allen Dingen auf raffinierten Zucker
und künstliche Süßstoffe verzichten.

————◦————

Die natürliche Energiediät ist nicht schwierig. Man isst einfach mehr gutes und gesundes Essen. Man kann dabei so viel essen, wie man will. Genug zu essen ist wichtig, damit man seine normale Figur behält. Forschungen haben gezeigt, dass Menschen, die streng fasten, ihr verlorenes Gewicht und mehr sehr schnell wieder ansetzen und es für sie dann immer schwieriger wird, wieder abzunehmen. Für den Körper ist ein solcher Essensentzug eine Hungersnot, und er versucht mit allen Mitteln, seine Fettdepots zu erhalten.

Auch viel Abwechslung beim Essen ist wichtig. Manche Menschen brauchen nur zwei oder drei Mahlzeiten am Tag, während andere viele kleine Mahlzeiten zwischendurch vorziehen. Das Geheimnis der natürlichen Energiediät liegt darin, immer dann zu essen, wenn man Hunger hat, und so viel zu essen, wie man möchte. Dies klappt, sobald man wieder zu einem natürlichen Durst- und Hungerempfinden zurückgefunden hat. Solange man aber vom Zucker abhängig ist, fühlt man ständig den Drang, das Falsche zu essen.

Mit guten und gesunden Nahrungsmitteln meine ich Getreide, Gemüse, Bohnen, Eiweiß, Kartoffeln, Gemüse (roh und gedünstet), frisches und getrocknetes Obst, Nüsse, kalt gepresstes Öl, ungesäuertes Brot und auch Milchprodukte, wenn man diese verträgt. Besonders Kartoffeln sind sehr zu empfehlen. Andererseits sollte man auch vermeiden, zu viel von einem einzelnen Nahrungsmittel oder einer Nahrungsmittelgruppe zu essen. Durch abwechslungsreiche Ernährung erreicht man, dass der natürliche Appetit in angemessener Weise angeregt wird.

Diese Diät ist vor allem deshalb so einfach, weil man sie nicht die ganze Zeit einhalten muss. Wenn man einigermaßen gesund ist, braucht man sie nur etwa achtzig Prozent der Zeit zu beachten, um die volle Wirkung zu erzielen. Es bringt keinen Vorteil, wenn Sie hundert Prozent anstreben. Wenn Sie die Möglichkeit haben, sollten Sie natürlich gesundes Essen wählen. Regt sich ein heftiges Verlangen nach etwas Ungesundem, dann ist es besser, dieses Nahrungsmittel einige Wochen zu meiden und wieder zu beginnen, vier Liter Wasser am Tag zu trinken. Und wie bei jedem Diätprogramm sollten Sie natürlich zuerst den Rat Ihres Arztes einholen, wenn Sie sich krank fühlen.

―――◄○►―――

Solange Sie sich gesund und kräftig fühlen,
brauchen Sie die natürliche Energiediät nicht zu
hundert Prozent einzuhalten.

―――◄○►―――

Der natürliche Hunger kann sich erst einstellen, wenn man auch seinen natürlichen Durst fühlt. Das ist der wichtigste Schritt. Essen Sie einen Monat lang so viel, wie Sie wollen, aber trinken Sie nichts anderes als Wasser und achten Sie darauf, täglich mindestens vier Liter zu trinken. Meiden Sie Eiswasser, weil das den Körper zusätzlich belastet. Ideal ist Wasser bei Zimmertemperatur oder Kräutertee. Trinken Sie auch keine Fruchtsäfte. Sie enthalten zwar keine Zuckerraffinade, aber sie sind zu konzentriert und verhindern, dass sich das natürliche Durstempfinden entwickelt.

Einen Monat lang nur klares Wasser zu trinken ist die wirksamste Ernährungsumstellung, die ich kenne – und dabei so einfach. Innerhalb weniger Wochen werden Sie erleben, was die meisten gar nicht mehr kennen: echten und natürlichen Durst. Danach beginnt sich ein natürlicher Hunger zu entwickeln, und man verlangt nach gesunden Nahrungsmitteln, nicht mehr nach schwer verdaulichem Zucker und Gebäck.

―――◄○►―――

Einfach nur klares Wasser zu trinken,
ist die beste Methode, das natürliche Durstempfinden
wieder herzustellen.

―――◄○►―――

Hat man wieder zu diesem gesunden Grundzustand zurückgefunden, ist es nicht mehr schwer, ein vernünftiges Gleichgewicht zu halten. Wenn man kein gutes und gesundes Essen bekommen kann, nimmt man das, was es eben gibt; dann muss man eben danach einige Tage täglich mindestens vier Liter Wasser trinken. Außerdem achtet man zum Ausgleich wieder besonders auf gesunde Ernährung. Weiter braucht man nichts, um sich prachtvoller Gesundheit erfreuen zu können. Als Faustregel sollte man sich auch merken, dass man nach dem Genuss von Bier, Wein, Saft oder Kaffee zur Verdünnung immer ein Glas Wasser trinken sollte.

Koffein und Alkohol überreizen den Körper nicht nur, sondern entziehen ihm auch Wasser. Der Hauptgrund, warum man einen Kater bekommt, ist der Wasserentzug. Trinkt man ein Glas Wasser für jedes alkoholische Getränk, das man zu sich nimmt, dann verkraftet der Körper dies sehr gut. Überhaupt ist es gut, zum Essen Wasser zu trinken, und natürlich erst recht zu Fastfood.

Wichtig ist es auch, darauf zu achten, dass der Körper bei intensivem Sport oder starkem Schwitzen mehr Salz und Wasser braucht. So benötigt ein Jogger zum Beispiel zusätzlich mindestens zwei bis vier Liter Wasser. Einer der Gründe, warum regelmäßiger Sport gesund erhält, liegt darin, dass man tiefer atmet und mehr trinken muss.

Auch die vermehrte Aufnahme von Salz ist ein wichtiges Element der natürlichen Heildiät. Salz wurde in der ganzen Geschichte wegen seiner heilenden Wirkungen geschätzt und war oft buchstäblich sein Gewicht in Gold wert. In letzter Zeit haben viele Ärzte ihre falsche Auffassung wieder aufgegeben, dass Salz nicht gesund sei. Vor allem Meersalz ist gesund, mehr noch als jodiertes Salz. Salzen Sie Ihr Essen, so stark Sie wollen! Natürlich sollten Sie bei bestimmten Erkrankungen mit Salz vorsichtig sein und in solchen Fällen mit einem Arzt sprechen.

Der entscheidende Punkt der natürlichen Energiediät ist

neben der Erhöhung der Wasserzufuhr der Verzicht auf raffinierten Zucker. Wenn der Körper raffinierten Zucker verdaut, werden dabei wertvolle Mineralstoffe verbraucht. Nach der Ausscheidung der Toxine ist der Wiederaufbau des Körpers mit Mineralien der nächste wichtige Schritt des Heilungsprozesses. Der Körper kann nur gesund werden, und positive Veränderungen in Geist, Seele und Herz können nur von Dauer sein, wenn der Körper ausreichend mit Mineralstoffen versorgt ist.

—————◄○►—————

Nach der Ausscheidung der Toxine ist der Wiederaufbau des Körpers mit Mineralien der nächste wichtige Schritt des Heilungsprozesses.

—————◄○►—————

Die meisten Nahrungsmittel haben, sofern sie nicht aus biologischem Anbau stammen, einen verminderten Gehalt an Mineralstoffen. Einer der größten Vorzüge des ökologischen Landbaus liegt darin, dass der Boden so vorbereitet wird, dass die darauf wachsenden Nahrungsmittel einen hohen Mineralstoffgehalt haben. Die natürliche Heilenergie kann nicht wirksam werden, wenn der Körper einen Mangel an Mineralstoffen hat. Mineralstoffe sind deshalb so wichtig, weil sie den natürlichen Energiestrom durch den Körper leiten und wesentlich am Wiederaufbau des Körpers beteiligt sind. Mineralstoff-Ergänzungsmittel sind überall erhältlich und können deshalb sehr nützlich sein.

Den natürlichen Hunger und Durst wiederherstellen

Normalerweise dauert es etwa vier Wochen, bis das natürliche Hunger- und Durstgefühl des Körpers wiederhergestellt ist. Um das zu erreichen, sollte man die natürliche Energiediät zu

181

hundert Prozent einhalten. Allerdings braucht man nur die ersten vier Wochen so streng mit sich selbst zu sein. Und man braucht dies auch nur einmal zu tun; danach verliert man ganz von selbst weitgehend sein Übergewicht und kann sich von bestimmten Beschwerden befreien, gegen die man bisher kein Mittel finden konnte. Vor allen Dingen wird man von seinen verschiedenen kleinen und großen Süchten befreit.

Damit diese Veränderung eintreten kann, muss man sich möglichst gesund ernähren. Trinkt man zunächst täglich vier Liter Wasser, dann stellt man eines Tages fest, dass das alte Verlangen nach Zucker plötzlich verschwunden ist. Trinken Sie nichts anderes als Wasser, und befriedigen Sie den Appetit auf Süßes mit frischem oder gedörrtem Obst.

Nach vier Wochen werden Sie sich gar nicht mehr anders ernähren wollen. Das ist in Ordnung, solange Sie sich nicht unnötigen Stress schaffen, indem Sie dauernd überlegen, wie Sie sich zu hundert Prozent gesund ernähren können. Achtzig Prozent gesunde Ernährung sind ein vernünftiges Ziel, das jeder erreichen kann.

Während dieser vier Wochen entgiften Sie Ihren ganzen Körper. Die dabei frei werdenden Giftstoffe sind für das unnatürliche Verlangen nach Zucker verantwortlich. Wenn sie aus dem Körper ausgeschieden werden, bekommen Sie möglicherweise heftigen Appetit auf Zucker oder ungesunde Nahrungsmittel. In diesem Fall trinken Sie einfach ein Glas Wasser und führen einen Energieabbau mit Luft oder Feuer durch. Atemübungen oder ein flotter Spaziergang können ebenfalls dazu beitragen, den Stress zu vertreiben.

Bekommen Sie Appetit auf raffinierten Zucker, sollten Sie keine Fruchtsäfte trinken, sondern viel frisches Obst, Nüsse und Datteln essen. Das ist ein großartiger Ersatz für süßes Naschwerk. Innerhalb weniger Tage stellt sich dann das natürliche Durstgefühl wieder ein. Solange Sie sich dann weiterhin reichlich mit gesunden Nahrungsmitteln versorgen, kostet diese Ernährung überhaupt keine Anstrengung.

Manche Menschen haben noch nie in ihrem Leben natürlichen Durst empfunden. Ab dem Zeitpunkt, als sie als Kinder gesüßte Flaschenmilch bekamen, wollten sie nichts anderes mehr. Aber wenn Sie einmal zu Ihrem natürlichen Durst- und Hungerempfinden zurückgefunden haben, werden Ihnen gesunde und natürliche Nahrungsmittel viel besser schmecken. Alles, was Sie essen, wird köstlich sein.

Vier: Die Technik der positiven Reaktion

Wenn Sie sich durch Ihre Verletztheit an liebevollem Verhalten hindern lassen, dann verzichten Sie damit auf die Möglichkeit, sich selbst zu heilen und in Ihrem Leben bedeutsame Veränderungen herbeizuführen. Anderen Menschen und sich selbst zu verzeihen ist für eine Heilung unerlässlich, weil nur dann die Liebe wieder frei strömen kann. Und wer sich entschließt, sich selbst zu heilen und übermäßige Abhängigkeit von anderen Menschen aufzugeben, öffnet sich die Tür zu kleinen Wundern.

Macht man sich bewusst, dass jeder Mensch anders ist, auch der Partner, dann hilft dies, Dinge nicht mehr so persönlich zu nehmen. Dadurch lernt man, die Unvollkommenheiten anderer einfach zu akzeptieren, statt sich durch sie verletzt zu fühlen. Übt man sich in Nachsicht, verbessert man seine Kommunikationsfähigkeit, und lernt man, um das zu bitten, was man haben möchte, dann kann die Liebe ein Leben lang Bestand haben. Es genügt nicht, nur seine Einstellung zu ändern: Fast jeder Mensch muss neue Kommunikationsfähigkeiten erlernen. Eigentlich sollten Paare eine Art »Eheführerschein« machen, bei dem sie Unterricht in Kommunikation und Erziehungskunst erhalten.

Die einfachste Möglichkeit, wie Sie sich von Verletztheit befreien können, so dass Sie wieder Ihre ganze Liebe schenken können, besteht darin, dass Sie die Verantwortung für die Erfüllung Ihrer Bedürfnisse selbst übernehmen. Wenn Ihre Bedürfnisse von anderen nicht befriedigt werden, dann sollten Sie nicht auf Ihrer Verletztheit verharren, sondern sich neu orientieren. Es hat keinen Sinn, den Partner verantwortlich zu machen. In diesem Fall sollten Sie prüfen, ob Sie vielleicht ein anderes Bedürfnis haben, das nichts mit dem Partner zu tun hat. Wenn Sie Ihre Aufmerksamkeit auf etwas anderes richten und sich ein anderes inneres Bedürfnis erfüllen, dann entsteht dadurch wieder der Wunsch, Ihrem Partner mehr zu geben, statt von ihm zu erwarten, dass er sich ändert.

Um lieben zu können, als ob es das erste Mal wäre, muss man lernen, sich von seinen Verletzungen zu heilen. Man muss erkennen, dass man die Fähigkeit dazu hat, sonst macht man sich übermäßig abhängig von anderen Menschen. Es ist nun einmal so, dass man manchmal von anderen Menschen enttäuscht, zurückgestoßen und betrogen wird, aber es liegt an einem selbst, ob man ihnen verzeiht und lernt, von anderen niemals Vollkommenheit zu erwarten.

Man tut sich nur selbst weh, wenn man immer Perfektion von anderen erwartet. Es ist in Ordnung, um etwas zu bitten, was man haben möchte, und eine Beziehung abzubrechen, wenn sie nicht bietet, was man erwarten kann, aber es ist falsch, an Empfindungen des Zorns und der Verletztheit festzuhalten und dem Partner Vorwürfe zu machen. Man kann seine Verletztheit liebevoll wahrnehmen, aber dann muss man daraus etwas lernen, damit man sich nicht wieder neuem Schmerz aussetzt. Letztlich ist es oft so, dass nicht irgendjemand anderes den Schmerz verursacht; vielmehr sind die eigenen unrealistischen Erwartungen und lieblosen Ansprüche für diese Verletztheit verantwortlich.

Um sich von Schmerz zu heilen, muss man zuerst die Überzeugung aufgeben, dass der Partner für die eigenen Gefühle verantwortlich ist. Natürlich kann einem der Partner weh tun oder aber einen glücklich machen, aber letztlich ist man selbst derjenige, der glücklich oder betrübt ist.

———◁◦▷———

Oft wird Schmerz nicht von jemand anderem verursacht, sondern die eigenen unrealistischen Erwartungen sind für die Verletztheit verantwortlich.

———◁◦▷———

Die Erwartung von Vollkommenheit führt dazu, dass man oft enttäuscht wird, aber der Wunsch, mehr zu geben, führt dazu, dass man sich gut fühlt. Letztlich wird man nur durch Geben glücklich. Empfangen macht im Grunde nur deshalb glücklich, weil es dazu motiviert, großzügig zu geben.

Kann man seinem Partner nichts geben und fühlt man statt dessen Verletztheit und Selbstmitleid, dann muss man einsehen, dass die Abhängigkeit zu groß geworden ist. Dann muss man sich seinen sonstigen Bedürfnissen zuwenden und diese außerhalb der Beziehung befriedigen. Sehr oft ist in einer Beziehung jedes Bedürfnis befriedigt, mit einer Ausnahme: zu tun, was man gerne tut, und dabei neue Erfahrungen zu machen. Um sich von dieser Verletztheit zu befreien, muss man anfangen, auf eigene Faust etwas zu unternehmen, das Spaß macht.

———◁◦▷———

Geben Sie Ihr Selbstmitleid auf und unternehmen Sie selbst etwas, das Sie glücklich macht.

———◁◦▷———

Verletztheit kann man nur heilen, wenn man die Ursache beseitigt. Und die Ursache ist fast immer übermäßige Abhängigkeit von anderen. Sobald man etwas tut, das man gerne allein tut oder mit einem Freund, verschwindet die Verletztheit sehr schnell. Sollte dies nicht der Fall sein, dann hilft die Technik der positiven Reaktion innerhalb weniger Minuten.

Einen Brief mit einer positiven Reaktion schreiben

Selbst wenn alles zutrifft, was man seinem Partner vorzuwerfen hat, ist es trotzdem falsch, ihm dafür Vorwürfe zu machen, dass man selbst nicht in der Lage ist, Liebe zu empfinden und liebevoll zu reagieren. Ärgert man sich über seinen Partner, sollte man sich eine Weile zurückziehen und darüber nachdenken, was dieser sagen könnte, damit es einem selbst wieder besser geht.

Schreiben Sie im Namen des Partners einen Brief an sich selbst, in dem all das steht, was Sie selbst gerne hören möchten. Möchten Sie eine Entschuldigung, dann schreiben Sie einen Entschuldigungsbrief. Dann fragen Sie sich, wie Sie sich fühlen würden, wenn Sie diesen Brief bekämen. Schreiben Sie schließlich Ihre positiven Empfindungen des Verzeihens, des Verständnisses und der Dankbarkeit als Antwort auf.

Wenn Sie Ihr Herz in dieser Weise öffnen, finden Sie wieder Zugang zu Ihrem wahren Selbst. Die meisten Menschen haben damit Schwierigkeiten, weil in ihrer Erziehung das wahre Selbst nicht gefördert wurde. Eine Beziehung ist immer dann besonders befriedigend, wenn die Liebe und die Unterstützung des Partners zumindest für einige Zeit in einem selbst die Bereitschaft zu lieben weckt. So kommt das wahre Selbst zum Vorschein, und dies macht glücklich.

Letztlich ist das Ziel immer nur, in Verbindung mit seinem wahren Selbst zu bleiben. Aber das gelingt nur sehr selten und ist auch für den Erfolg einer Beziehung nicht immer notwendig. Notwendig ist dagegen die Einsicht, dass es nicht die Schuld des Partners ist, wenn man keinen Zugang mehr zu seiner Liebe findet. Es mag sein, dass einen der Partner verletzt oder enttäuscht, aber es liegt an einem selbst, ob man seine negativen Gefühle loslässt und die Verbindung zu seinem wahren Selbst wiederherstellt.

Eine positive Reaktion mental erzeugen

Sie sollten nicht erwarten, dass Ihr Partner immer so redet, wie Sie selbst sprechen. Vielmehr können Sie versuchen, seine Sprache zu erlernen und diese dann »übersetzen«. Stößt Sie Ihr Partner mit ungebetenen Ratschlägen vor den Kopf, machen Sie sich klar, dass er letztlich nur versucht, etwas Hilfreiches beizutragen. Alles, was Ihr Partner tut, ist in irgendeiner Weise Ausdruck seiner Zuwendung und Liebe.

Statt nun diese Liebe zurückzuweisen und eine Veränderung zu verlangen, können Sie Ihr eigenes Denken und ihre Reaktion ändern, indem Sie den Versuch anerkennen und dem Partner dafür danken. Sie können zum Beispiel sagen:
Danke für deine Zuwendung.
Danke, dass du an mich gedacht hast.
Danke, da hast du Recht.
Danke, das ist interessant. So habe ich es bisher noch nicht betrachtet.

Wenn Sie unter die Oberfläche blicken und die gute Absicht des anderen anerkennen, dann können Sie nicht nur das Gefühl haben, dass Sie geliebt werden, sondern Sie geben dem Partner auch die Wertschätzung, die er verdient hat und die er braucht.

In jeder unerfreulichen Situation sollte man sich zunächst überlegen, was man von dem anderen eigentlich erwartet hätte. Dann versucht man sich vorzustellen, wie man sich selbst in diesem Fall gefühlt hätte. Aus diesen Gefühlen heraus kann man dann meistens mit Liebe, Mitgefühl, Güte, Großzügigkeit, Humor, Aufrichtigkeit, Geduld oder Bescheidenheit reagieren.

Viele Menschen sagen: »Wenn er/sie freundlicher zu mir

gewesen wäre, wäre ich sehr großzügig gewesen.« Aber damit schränkt man sich ganz erheblich ein. Man darf sich nicht durch die Beschränkungen und Probleme anderer Menschen davon abhalten lassen, so großherzig zu sein, wie man in Wirklichkeit ist. Wenn andere einen zu Reaktionen verleiten, die dem falschen Selbst entspringen, darf man auf keinen Fall spontan reagieren. Man überlegt sich in Ruhe, was man eigentlich wollte; dann stellt man sich seine liebevolle Reaktion vor, als ob man bekommen hätte, was man erwartet hat. Hat man sich auf diese Weise wieder klar gemacht, wer man wirklich ist, kann man sich eine sinnvolle Reaktion überlegen.

Feedback ablehnen

Manchmal weist man in Beziehungen ein Feedback zurück, weil man glaubt, tun zu müssen, was der Partner verlangt, um glücklich sein zu können. Das ist ein Irrtum. Gibt einem der Partner einen Rat, dann möchte er im Grunde von einem nichts weiter als Verständnis. Oft möchte er einfach nur, dass man ihn wahrnimmt. Macht man sich klar, dass schon das bloße Zuhören ein liebevolles Geschenk ist, und dankt man dem Partner für seine Aufmerksamkeit, dann ist es ihm vielleicht gar nicht mehr so wichtig, dass man seinen guten Rat auch tatsächlich annimmt.

Ein weiterer Grund, warum man den Rat und die Unterstützung des Partners ablehnt, kann darin liegen, dass man ihm misstraut oder mangelnde Zuwendung unterstellt. Männer haben oft das Gefühl, dass man ihnen nicht traut, während Frauen eher glauben, dass der Partner sie nicht liebt, wenn er ihnen nicht zuhören will.

Viele Männer sind nicht sonderlich daran interessiert, was eine Frau tagsüber im Einzelnen erlebt. Was für sie interessant ist, findet er keineswegs so aufregend. Vermeidet es die Frau, sein Interesse allzu massiv zu fordern, dann kann er im

Laufe der Zeit vielleicht doch lernen, sich mehr um die kleinen Dinge in ihrem Leben zu kümmern. Sie kann ihm ihrerseits deutlich machen, wie sehr sie seine Aufmerksamkeit schätzt, auch wenn es ihn im Grunde nicht so sehr interessiert. Er kann ihr trotzdem eine Hilfe sein, indem er ihr deutlich macht, dass er ein liebevoller Partner ist, mit dem sie reden kann. Ein tieferes Verständnis dafür, was eine Frau glücklich macht, hilft ihm, ihre grundlegenden Bedürfnisse zu respektieren und ihr so allmählich immer mehr zu geben, was sie braucht.

Und je besser umgekehrt Frauen die Bedürfnisse von Männern erkennen, desto mehr können sie geben, was ein Mann in einer Beziehung am meisten braucht und schätzt. Hat eine Frau das Gefühl, dass man ihr nicht zuhört, wächst dadurch in ihr das Bedürfnis, einem Mann ungebetene Ratschläge zu erteilen, was ihn außerordentlich verärgern kann. Statt darauf negativ zu reagieren, kann er sich einfach bewusst machen, dass er ja nicht zu tun braucht, was sie sagt, und dass sie es ja nur deshalb sagt, weil sie ihn liebt und gern hat.

Das Erfolgsgeheimnis für Beziehungen liegt nicht darin, dass man von seinem Partner eine Veränderung verlangt. Man kann dies wünschen und darum bitten, aber es ist nicht das geeignete Mittel, um damit eigenen Schmerz und Verletztheit zu rechtfertigen. Man braucht sich nur selbst zu ändern, damit man der liebevolle und positive Mensch wird, der man in Wahrheit ist; dann bekommt man auch von anderen die Liebe und Unterstützung, die man haben möchte.

Im Geist umformulieren

Zur Technik der positiven Reaktion gehört auch die Methode, etwas Beleidigendes oder wenig Hilfreiches, das der Partner sagt, im Geist umzuformulieren. Man denkt über dessen Worte nach und überlegt sich, wie er es auch in einer positiven Weise hätte sagen können, so dass man nicht verletzt sein müsste. Man stellt sich vor, dass es in dieser Weise abgelaufen wäre und wie man dann reagiert hätte; dann kann man in einer selbstbewussteren und liebevolleren Weise auf die Situation reagieren.

Eine innere Empfindung können Sie nicht beeinflussen, aber Sie können sehr wohl Ihre Reaktion gegenüber einem anderen Menschen steuern. Statt spontan zu reagieren, können Sie zuerst Ihre Reaktionen analysieren, dann negative Empfindungen mit der Technik der positiven Reaktion umwandeln und schließlich in einer liebevollen und unterstützenden Weise reagieren. Damit stellen Sie sicher, dass Sie Ihrerseits mehr Liebe zurückbekommen.

Mit Hilfe der Technik der positiven Reaktion werden Sie immer mehr entdecken, was Sie eigentlich wollen, so dass Sie in einer angemessenen Weise darum bitten lernen. Vielleicht erkennen Sie auch, wie fordernd und bedingt Ihre eigene Liebe im Grunde ist. Wenn Sie Dinge nicht mehr so persönlich nehmen, können Sie die Beschränkungen und Unvollkommenheiten anderer mit mehr Liebe und Nachsicht akzeptieren.

Wenn die Technik der positiven Reaktion einmal gar nicht wirken will, dann ist dies ein deutliches Zeichen dafür, dass Sie zu sehr von Ihrem Partner abhängig sind. Dann müssen Sie unbedingt »umschalten«, indem Sie vorübergehend etwas anderes tun, das Ihnen Erfüllung bringt. Danach können Sie es wieder mit der Technik der positiven Reaktion versuchen. Wenn sie immer noch nicht wirkt, dann sollten Sie die im nächsten Kapitel beschriebene Blockbuster-Technik anwenden.

Fünf: Die Blockbuster-Technik

Wenn man eine Liebesbeziehung eingeht, besteht der größte Fehler oft darin, dass man zu viel von der Liebe seines Partners erwartet und dadurch von ihr abhängig wird. Das Ge-

190

heimnis einer dauerhaften Liebe besteht aber gerade darin, dass man eine Beziehung nicht um des Nehmens willen, sondern um des Gebens willen eingeht. Darum sollte man sich erst um Unabhängigkeit bemühen, bevor man heiratet. Hat man bereits ein erfülltes Leben und liebt sich selbst, dann ist man nicht so sehr vom Partner abhängig und kann dessen Liebe immer als ein besonderes Geschenk auffassen.

Statt Liebe vom Partner zu erwarten, sollte man sie vor allem von sich selbst, von der Arbeit und den Freunden erwarten. Es ist ein großer Fehler, vom Partner das zu erhoffen, was man selbst nicht hat. Lernt man, die eigene Liebe großzügig und ohne Ansprüche an den Partner zu geben, dann stellt man erstaunt fest, wie viel mehr Unterstützung man von ihm bekommen kann.

Sie können nicht ohne weiteres von Ihrem Partner erwarten, dass er dieselbe Sprache spricht wie Sie selbst. Möchten Sie von ihm verstanden werden, dann müssen Sie erst seine Sprache lernen. Möchten Sie mehr bekommen, dann müssen Sie zuerst die Forderung nach mehr aufgeben; dann können Sie im Ton und in der Sprache, die Ihr Partner versteht, um das bitten, was Sie brauchen. In meinem Buch *Männer sind anders. Frauen auch* habe ich beschrieben, wie man die Botschaften des Partners richtig interpretiert. So kann man lernen zu geben, als ob man schon hätte, was man braucht.

Innere Blockierungen – Groll, Niedergeschlagenheit, Ängstlichkeit und Gleichgültigkeit – hindern uns daran, unser wahres Selbst und die ganze Liebe in unserem Herzen zu erkennen. Öffnen wir das Herz, können wir viel mehr natürliche Energie empfangen und die Leidenschaft lebendig halten, nicht nur in der Liebe, sondern in allen Lebensbereichen.

Mit Hilfe der hier beschriebenen Blockbuster-Technik kann man zwölf häufige Blockierungen auflösen und emotionalen Stress wirksam abbauen. Wenn man irritiert, überwältigt, nervös oder gelangweilt ist, hat man damit ein wirksames

Mittel zur Hand, um zu Gelassenheit, Glück, Selbstvertrauen und Liebe zurückzufinden.

Die Blockbuster-Technik ist ein Verfahren zum Umgang mit negativen Gefühlen, durch das man sich heilen kann, ohne Negatives zu unterdrücken oder auf andere Menschen abzuleiten. Man kann damit selbst die volle Verantwortung für die Lösung seiner inneren Probleme übernehmen. Diese Technik kann man durch Tagebuchschreiben oder durch Energieabbau durchführen.

In meinen bisherigen Büchern habe ich schon Varianten der Blockbuster-Technik unter der Bezeichnung »Liebesbrief« oder »Gefühlebrief« beschrieben. Sie haben sich bewährt und sind nach wie vor gültig. Die Blockbuster-Technik ist lediglich eine exaktere und knappere Version. Trotzdem ist sie etwas komplizierter. Am besten ist es, wenn Sie erst mit der Besserfühl-Technik beginnen, die mir fünfzehn Jahre lang sehr geholfen hat.

Die meisten Menschen brauchen nichts weiter als die Besserfühl-Technik, um ihre Blockierungen zum Verschwinden zu bringen. Dieses Verfahren hilft, sich von einer vorwurfsvollen Haltung zu befreien, indem man seine Aufmerksamkeit in einer Weise umorientiert, dass man die zugrunde liegenden Gefühle leichter fühlen und loslassen kann.

Wenn Sie in einem bestimmten Gefühl oder einer bestimmten Stimmung festgefahren sind, können Sie diese Blockierung einfach dadurch aufheben, dass Sie die zugrunde liegenden Gefühle anerkennen und sich bewusst machen. Dadurch gelingt es Ihnen wieder, in Freiheit aus einer liebevollen, erwachsenen Perspektive zu reagieren.

Wenn Sie verwirrt und durcheinander sind und sich wieder besser fühlen möchten, dann nehmen Sie sich einfach ein wenig Zeit dafür, Ihre Empfindungen des Zorns, der Trauer, der Furcht und des Kummers aufzuschreiben.

Einen Besserfühl-Brief schreiben

Um negative Gefühle zu verarbeiten, zu heilen und loszulassen, ist es am besten, wenn Sie nicht sofort mit dem Menschen darüber reden, über den Sie sich ärgern. Schreiben Sie einen Brief an ihn, den Sie aber nicht abschicken. Tun Sie einfach so, als ob Sie dem anderen all Ihre Gefühle mitteilen und der Betreffende zuhören würde. Dabei sollten Sie jeweils jeder Ebene des Besserfühl-Briefs einige Minuten widmen. Nachfolgend ein Beispiel:

Ich bin wütend (frustriert oder verärgert) darüber, dass...
Ich bin traurig (enttäuscht oder verletzt) darüber, dass...
Ich befürchte (habe Angst), dass...
Ich bedauere es (es ist mir peinlich oder ich schäme mich), dass...
Ich verstehe es (verzeihe dir, weiß es zu schätzen oder danke dir dafür), dass...
Ich liebe dich.

Am Ende eines Briefes zu sagen »Ich liebe dich«, hat eine überaus wohltuende Wirkung. Wenn derjenige, an den Sie schreiben, nicht Ihr Liebespartner ist, dann beenden Sie den Brief einfach mit »Herzliche Grüße«.

Wenn Sie das Gefühl haben, dass Sie jemandem einmal richtig die Meinung sagen oder ihm eine Lehre erteilen wollen, dann sind Sie damit eindeutig auf dem Holzweg. Sie verhalten sich dadurch nicht nur beleidigend, sondern fühlen sich auch selbst in keiner Weise besser. Sind Sie auf jemanden wütend, auch wenn es Ihr Liebespartner ist, dann können Sie nicht erwarten, dass der Betreffende Verständnis für Ihren inneren Aufruhr aufbringt, wenn er das Gefühl hat, Zielscheibe Ihrer Vorwürfe zu sein.

Viel besser ist es, einen Besserfühl-Brief zu schreiben. Wenn Sie wieder zu einer liebevollen und nachsichtigen Haltung zurückfinden, dann können Sie gegebenenfalls dem Partner immer noch in ruhiger Weise sagen, wie Sie es in Zukunft lieber hätten.

Falls Sie nach dem Abfassen des Besserfühl-Briefs noch keine starke Empfindung der Nachsicht spüren, verfassen Sie einen kurzen Antwortbrief. Darin können Sie alles sagen, was Sie von dem Betreffenden erwarten würden. Haben Sie die Entschuldigungen des anderen hingeschrieben und alles zu Papier gebracht, was Sie gerne hören würden, dann stellt sich die Empfindung der Nachsicht sicher ein.

Entschuldigen sich Eltern für ihre Fehler und Überreaktionen, dann lernen auch ihre Kinder den Eltern zu verzeihen. Entschuldigen sich die Eltern dagegen nicht, dann macht das Kind sich selbst Vorwürfe und kann nicht nur anderen nicht verzeihen, sondern entwickelt außerdem ein schwaches Selbstwertgefühl. Mit einem Besserfühl-Brief und einem Antwortbrief kann man sich selbst beibringen, großzügiger zu verzeihen.

Die Blockbuster-Tabelle

Die Blockbuster-Technik beruht auf einer Tabelle, mit deren Hilfe man sich im Dickicht der Gefühle leichter zurechtfinden kann. Oft fühlt man sich im Leben festgefahren und weiß nicht, wie man weitermachen soll. Mit Hilfe der Tabelle kann man klären, welche Emotionen man an die Oberfläche holen und welche positiven Gefühle man zum Ausdruck bringen muss.

Vor zwanzig Jahren saß ich einmal eine ganze Nacht auf einem japanischen Flughafen fest. Es war Winter, und im Flughafen war es bitterkalt. Ich war unterwegs auf die Philippinen, um dort ein Seminar abzuhalten. Die ganze Nacht wurde der Flug angekündigt und wieder abgesagt. Und ich hatte schon eine zwölfstündige Reise hinter mir. Ich war todmüde und konnte einfach nicht mehr. Ich hätte jemanden umbringen können. Dann trat ein Ereignis ein, das meinen ganzen Zorn auflöste.

Ich erinnere mich daran, wie es mir außerordentliche Erleichterung verschaffte, als jemand über den Lautsprecher sagte:»Wir haben Verständnis für Ihre Situation und unternehmen alles in unseren Kräften Stehende. Wir danken Ihnen für Ihre Geduld.« Sooft ich dieses»Wir danken Ihnen für Ihre Geduld« hörte, fühlte ich mich unglaublich erleichtert. Ich brauchte einfach jemanden, der mich an das erinnerte, was ich in diesem Augenblick brauchte. Ich hätte mich einfach in Geduld üben müssen, aber stattdessen glaubte ich, mich über diese schlechte Behandlung aufregen zu müssen.

Die nachfolgende Blockbuster-Tabelle zeigt die zwölf häufigsten Blockierungen und hilft, die positiven Qualitäten des Selbst zu identifizieren, die blockiert werden. Viele Menschen erkennen ihre Blockierungen erst, wenn sie sich darüber Klarheit verschaffen, welche positiven Eigenschaften ihnen fehlen. Betrachten wir nun die Blockbuster-Tabelle (S. 196) und einige ihrer Anwendungsmöglichkeiten.

Mit dieser Tabelle können Sie in vier Schritten arbeiten:

1. Möchten Sie Ihr wahres Selbst intensiver fühlen, dann identifizieren Sie die Blockierung, die Sie daran hindert. Fühlen Sie zum Beispiel keine Gelassenheit, dann ist die Blockierung Groll. Fühlen Sie keine Freude, ist die Blockierung Niedergeschlagenheit.
2. Um diese Blockierung zu überwinden, schreiben Sie unter Verwendung der mit dieser Blockierung zusammenhängenden Gefühle und Emotionen einschließlich der nächsten drei Ebenen der Tabelle einen Besserfühl-Brief. Wenn zum Beispiel die Blockierung Groll ist, erkunden Sie die nachfolgenden Gefühle:

Blockierung	Gefühl	Emotion	Wahres Selbst
1. Groll	benach-teiligt	zornig	Gelassenheit
2. Nieder-geschlagenheit	im Stich gelassen	traurig	Freude
3. Verunsicherung	hoffnungs-los	besorgt	Vertrauen
4. Gleichgültigkeit	unzu-länglich	voller Bedauern	Liebe
5. Vorurteile	unbefriedigt	frustriert	Geduld
6. Zaudern	mutlos	enttäuscht	Optimismus
7. Unent-schlossenheit	machtlos	besorgt	Stärke
8. Perfek-tionismus	gedemütigt	verlegen	Bescheiden-heit
9. Eifersucht	beleidigt	wütend	Erfüllung
10. Selbstmitleid	betrogen	verletzt	Inspiration
11. Besorgtheit	hilflos	ängstlich	Mut
12. Schuldgefühle	wertlos	beschämt	Unschuld

- Benachteiligt sein und Zorn
- Verlassenheit und Trauer
- Hoffnungslosigkeit und Besorgnis
- Unzulänglichkeit und Bedauern

3. Durch die Erkundung und Äußerung Ihrer Bedürfnisse und Wünsche können Sie die Blockierung aufheben. Konzentrieren Sie sich mehr darauf, wie Sie sein oder sich füh-

len möchten, nicht darauf, in welcher Weise sich andere ändern sollen.

4. Erkunden und äußern Sie dann positive Gefühle wie Verständnis, Wertschätzung, Vertrauen und Nachsicht, um sich wieder gut zu fühlen.

Die Wirksamkeit dieser Tabelle beruht einfach darauf, dass man sich immer besser fühlt, wenn man über seine innersten Gefühle Bescheid weiß. Dies ist nicht bloß eine Theorie; wenn Sie mit dieser Tabelle arbeiten, werden Sie sich schnell von ihrem praktischen Nutzen überzeugen können.

Sechs: Die Technik zur Änderung der Einstellung

Arbeitet man hauptsächlich um des Geldes willen, dann ist es schwierig, seine wahren Bedürfnisse zu spüren oder zu schätzen, was man jetzt schon hat. Ist man aber jetzt schon glücklich und zufrieden, dann ist das Bedürfnis nicht so groß, mehr Geld zu haben, um noch glücklicher zu sein. Die grundlegende Erkenntnis lautet, dass man immer schon genau das hat, was man für den nächsten Schritt auf seinem Lebensweg braucht.

Wenn Sie eine klare Vorstellung von Ihren wahren Bedürfnissen haben, bleiben Sie eher im Gleichgewicht und erliegen nicht so leicht den Versuchungen des Erfolgs. Haben Sie einmal gelernt, den wirklich wichtigen Dingen Vorrang zu geben, dann können Sie auch viel Geld haben und trotzdem glücklich, gesund und verliebt sein.

Stress entsteht nur durch das Unvermögen einzusehen, dass man in jedem Augenblick schon das hat, was man zum Glücklichsein braucht. Kennt man seine unterschiedlichen Bedürfnisse nicht und weiß man nicht, wie man sie befriedigen kann, dann kann man nicht genießen, was man jetzt schon hat.

Macht man sich für sein Glück weniger vom Geld abhängig, dann kann man sich alles beschaffen, was man braucht – auch mehr Geld. Nichts anderes ist mit der Empfehlung gemeint: Arbeite, als ob Geld keine Rolle spielen würde.

Mit Hilfe der Technik zur Änderung der Einstellung können Sie Ihre Fähigkeit entdecken, Tag für Tag Ihr Schicksal selbst zu bestimmen. Natürlich können Sie nicht alle Ereignisse kontrollieren, wohl aber die Empfindungen und die Haltung, die Sie diesen gegenüber einnehmen. Wenn Sie lernen, den ganzen Tag über eine positive Haltung einzunehmen, dann ziehen Sie wie ein Magnet jeden Erfolg an, den Sie eingeplant haben.

Fangen Sie jeden Tag mit einigen Minuten des Energieaufbaus bzw. -abbaus an. Dann nehmen Sie sich einige weitere Minuten Zeit für die Planung Ihres Tagesablaufs. Stellen Sie sich vor, welche Ereignisse eintreten werden. Wenn Sie nichts Besonderes erwarten, dann überlegen Sie sich einfach, wie sich Ihr Tag entwickeln sollte.

Diese Tagesvorschau muss sich innerhalb realistischer Grenzen bewegen. Es ist manchmal durchaus in Ordnung, sich bei seinen Wünschen keinerlei Zurückhaltung aufzuerlegen, aber darum geht es bei dieser Technik nicht. Um aus dem Herzen planen zu können, muss man im Kopf beginnen. Denken Sie darüber nach, was Sie vernünftigerweise erwarten können. Seien Sie realistisch.

Als nächstes stellen Sie sich vor, dass alles noch ein bisschen besser wird – nicht viel besser, nur ein klein wenig, so dass es noch vernünftig ist. Diese Änderung ist der erste Schritt, durch den Sie eine andere Einstellung erreichen. Sie sollten es nicht übertreiben, aber stellen Sie sich jetzt ruhig einmal einen richtig guten Tag vor.

Als nächstes wagen Sie einen Sprung und stellen sich auf der Grundlage Ihrer besten bisherigen Erfahrungen vor, dass das Optimale eintritt. Im Rahmen vernünftiger Grenzen stellen Sie sich vor, dass es ein großartiger Tag wird, oder dass Sie sich zumindest großartig fühlen werden, auch wenn nicht alles ideal ist. Gibt es jemanden, der Ihnen dauernd auf die Nerven fällt, dann stellen Sie sich vor, dass Sie in seiner Nähe sein können, ohne sich zu ärgern.

Stellen Sie sich dann vor, wie Sie sich fühlen würden, wenn das Optimale eintreten würde. Die Erkundung dieser positiven Gefühle hilft Ihnen dabei, wieder zu Ihrem wahren und positiven Selbst zurückzufinden. Diese positiven Empfindungen können Sie mit den folgenden Sätzen zum Vorschein bringen:

▷ Jetzt in diesem Augenblick bin ich glücklich darüber, dass…
▷ Jetzt in diesem Augenblick habe ich das Vertrauen, dass…
▷ Jetzt in diesem Augenblick bin ich dankbar dafür, dass…

Dann kehren Sie wieder in die Gegenwart zurück. Wenn Sie diese Technik einige Minuten durchführen, fühlen Sie sich erfrischt und inspiriert, aus diesem Tag das Beste zu machen.

Man kann nicht immer bestimmen, was andere tun und sagen, aber man kann seine eigene Haltung festlegen. Nimmt man sich einige Minuten Zeit dafür, seine Haltung anzupassen, dann sind alle Voraussetzungen gegeben, dass der Tag einen anderen Verlauf nimmt. Ändert man sich selbst, dann ändert sich auch die Welt. Stellt man sich vor, dass man sich den Tag über besser fühlt, dann werden auch positive Dinge eintreten.

Diese Technik ist noch ausführlicher in meinem Buch *So bekommst du, was du willst, und willst, was du hast* beschrieben. Ich nenne sie dort: »Sich auf seine Absichten orientieren.« Die Anweisungen in diesem Buch enthalten alles, was Sie brauchen, um diese Technik erfolgreich anwenden zu können.

Sieben: Die Technik des
bewussten Atmens

Niemand hat ein paradiesisches Leben ohne Sorgen. Um sich ganz entspannen zu können, muss man das Leben und seine Herausforderungen einfach akzeptieren. Um zu bekommen, was man haben möchte, muss man zunächst schätzen, was man schon hat. Aus dieser positiven Einstellung heraus kann man seine wahren Wünsche richtig abschätzen, ohne sich in Abhängigkeiten bringen zu lassen. Handelt man aus einer Haltung der Furcht und der Besorgnis, dann hat man nicht mehr den Blick auf das Ganze. Fühlt man sich beunruhigt, besorgt oder hilflos, sollte man möglichst keine weit reichenden Entscheidungen fällen. In einer Liebesbeziehung sollte man in diesem Fall Diskussionen auf später verschieben und sich anderen Dingen zuwenden, die keine Ängste erzeugen.

Wenn Sie sich bewusst machen, dass Sie immer schon haben, was Sie brauchen, können Sie wieder frei durchatmen. Kombinieren Sie einige einfache Techniken des bewussten Atmens mit dem Energieabbau, dann finden Sie sofort Zugang zur wundervollen Verbindung zwischen Körper und Geist, die für Gesundheit, sportliche Höchstleistungen, Ausdauer, sexuelles Interesse und müheloses Abnehmen, aber auch für bessere Leistungen am Arbeitsplatz und allgemeines Durchhaltevermögen erforderlich ist. Dann können Sie sich entspannen, als ob alles in Ordnung wäre.

Die Technik des bewussten Atmens wurde schon als Vorbereitung für den Energieabbau beschrieben. Es geht dabei letztlich um nichts anderes, als dass man mit einer bewussten Willensanstrengung etwas tiefer atmet als sonst. Man denkt einfach: »Atme ein« und »Atme aus«, und dies stärkt die Verbindung zwischen dem bewussten Willen und dem Körper.

Gehorcht der Körper den eigenen Absichten nicht, dann wirkt diese Technik Wunder. Will der Körper zum Beispiel das unerwünschte Fett nicht verbrennen, dann führt man einfach diese Technik durch. Oft wird Sport zum Abnehmen empfohlen. Sport wirkt aber höchstens deshalb, weil man dadurch gezwungen wird, seinen Willen gegen den Widerstand des Körpers einzusetzen.

Sport ist die alte Methode, überflüssiges Gewicht loszuwerden. Man muss sich dabei zu etwas zwingen, wozu man keine Lust hat. Es ist daher kein Wunder, dass so viele Übergewichtige schon nach kurzer Zeit nicht mehr ins Fitnessstudio gehen. Statt sich so viel abzuverlangen, führt man einfach zehn oder zwanzig Minuten täglich (oder auch dreimal pro Woche) bewusste Atmung durch. Damit erzielt man weitgehend dieselben Ergebnisse wie mit regelmäßigem Training. Hat man einmal die überflüssigen Pfunde verloren und befindet man sich in Harmonie mit seinem Körper, dann stellt sich die Lust auf Sport von selbst ein. Sport ist ein Luxus der Gesunden und nicht unbedingt das beste Mittel, um abzunehmen. Solange man sein Wunschgewicht noch nicht erreicht hat, sollte man keinen Sport treiben, wenn man es nicht möchte. Besser ist es, über seinen Atem Verbindung zu seinem Körper herzustellen und dadurch seine Gesundheit zu verbessern.

————◦————

Sport ist ein Luxus der Gesunden und nicht unbedingt
das beste Mittel, um abzunehmen.

————◦————

Die Technik zur bewussten Atmung kann auf zweierlei Art durchgeführt werden. Zunächst übt man sie im Sitzen, bis man sie mühelos beherrscht. Dann versucht man es im Gehen. Dabei stellt man fest, dass bewusstes Atmen im Gehen viel einfacher ist. Der Körper gehorcht dem Befehl des Willens in ganz natürlicher Weise, und man atmet etwas tiefer als sonst ein und aus.

Das Geheimnis des bewussten Atmens liegt darin, dass

man dabei nicht zu viel von sich verlangt. Man geht nur so schnell, dass man nicht außer Atem gerät und zu keuchen beginnt oder durch den Mund atmen muss. Ist man erkältet und kann man nicht durch die Nase atmen, dann versucht man den Punkt zu entdecken, an dem man durch den Mund atmen müsste, wenn man keine verstopfte Nase hätte.

Kranke und Genesende können sehr von dieser Übung profitieren, indem sie diese Technik im Sitzen oder während eines kleinen Spaziergangs durchführen. Rekonvaleszenten wenden sie am besten in der Gruppe oder mit Hilfe eines anderen Menschen an. Es geht dabei einfach darum, dass man die Übung nicht allein durchführen muss, sondern noch jemand im Zimmer ist. Dadurch entsteht ein Synergieeffekt.

Strengt man sich so sehr an, dass man durch den Mund atmen muss, dann bildet der Körper Milchsäure. Statt dem Körper zu helfen, erzeugt man dann Giftstoffe. Überschreitet man die Grenze nicht, indem man durch die Nase atmet, stellt man die Selbstheilungsfähigkeit des Körpers wieder her, so dass er Fett verbrennen kann, ohne dass man sich bis zur Erschöpfung anstrengen muss. Ausatmen kann man durch die Nase oder den Mund.

Durch die Technik des bewussten Atmens ist es nicht mehr notwendig, sich mit zu hoch gesteckten Zielen abzumühen, schließlich doch aufzugeben und Schuldgefühle zu haben. Schenken Sie sich die Trainingspläne und die Schuldgefühle und geben Sie einen Seufzer der Erleichterung von sich.

Acht: Die Heilung durch natürliche Energie

Um Heilung und Erfolg zu erreichen, muss man vor allem lernen, natürliche Energie zu fühlen. Bittet man um mehr von dieser Energie, wird man dadurch in einer Weise gestärkt, die dazu führt, dass man das Gewünschte erlangt. Wir können den Wind nicht sehen, aber wir wissen, dass es ihn gibt, weil wir ihn spüren können. Ebenso können wir die natürliche Energie nicht sehen, aber trotzdem erfahren, dass sie uns durchströmt und unmittelbar auf unsere Bitte reagiert.

Für alle Menschen, die Gott oder eine spirituelle Wirklichkeit erkennen möchten, liefern die Techniken des Energieaufbaus, des Energieabbaus und die Heilung durch natürliche Energie eine Bestätigung, dass es einen Gott gibt. Fühlt man, wie Gottes Energie konkret auf Bitten reagiert, dann weiß man, dass Gott für einen da ist. Dann kann man mit Gott reden, als ob man gehört werden würde.

Praktiziert man Heilung durch natürliche Energie, dann lernt man dadurch, andere zu heilen und selbst Heilung von ihnen zu empfangen. Man beginnt, neu auf die eigene Kraft zu vertrauen, kleine Wunder zu wirken. Indem man andere heilt, erlebt man dadurch, dass die natürliche Energie oder Gottes wunderbare Kraft durch einen selbst wirkt. Diese neue Energie kann man auch dazu benutzen, um am Arbeitsplatz und in seinen Beziehungen kleine Wunder zu vollbringen.

Man braucht dazu kein professioneller Heiler zu sein. Diese Fähigkeit kann einfach dadurch wachsen, dass man mit Freunden und Familienangehörigen übt. Viele Menschen arbeiten einfach bei ihrer örtlichen Kirchengemeinde, in einer sozial engagierten Gruppe oder in einem Krankenhaus auf freiwilliger Basis mit, um gelegentliche Heilungen zu vollbringen. Viele Physiotherapeuten, Chiropraktiker, Akupunkteure, Ärzte und Krankenpfleger haben Heilung durch natürliche Energie als eine sehr wirksame Möglichkeit entdeckt, ihren Klienten und Patienten zu helfen.

Stufe 1: Aktivierung

Die erste Stufe dieses einfachen Heilungsprozesses kann leicht praktiziert werden, sobald man einmal die Technik des Energieabbaus und -aufbaus beherrscht. Auf dieser Stufe aktiviert man die Selbstheilungskraft des Klienten. Man gibt ihm einfach Starthilfe, indem man seine »Selbstheilungsbatterien« auflädt.

Um jemanden zu heilen, erhebt man die Hände und spricht zehnmal entweder leise oder laut die innere Absicht für den Energieaufbau aus. Spürt man den Energiestrom, bittet man einfach die natürliche Heilenergie, durch einen den Betreffenden zu heilen.

Beginnen Sie damit, dass Sie Ihre Fingerspitzen aktivieren, indem Sie Ihre grundlegende innere Absicht zehnmal wiederholen. Wenn die Energie zu strömen beginnt, sagen Sie:

Heilende Energie,
ich brauche dringend deine Hilfe.
Bitte komm.
Ströme durch mich, um diesen Menschen zu heilen.
Erwecke in diesem Menschen deine heilende Kraft.
Ich danke dir.

Ich selbst stehe am liebsten hinter demjenigen, der geheilt werden soll, während dieser bequem in einem Stuhl sitzt. Wenn ich die innere Absicht laut ausgesprochen habe, dann wiederhole ich sie ohne Anstrengung still, während ich die Fingerspitzen zur Stirn des Betreffenden führe. Dazu stelle ich mir eine Linie von der Nasenwurzel über die Stirn vor. Dann drücke ich von hinten die zehn Finger auf dieser Linie auf die Stirn. Diese Stelle scheint für heilende Energie besonders empfänglich zu sein.

Während man nun im Geiste seine heilende innere Absicht wiederholt, bittet man den Betreffenden, zehnmal tief zu atmen. Dabei stellt man fest, dass die Energie stärker zu strömen beginnt. Man kann diesen Strom weiter verstärken, indem man selbst tiefer atmet. Man kann jede Möglichkeit nutzen, um den Strom zu intensivieren.

Spricht der Betreffende üblicherweise mit Gott, dann bittet man ihn, laut zu Gott zu beten. Manchmal nimmt der Energiestrom zu, wenn der Betreffende seine Gefühle und Wünsche in Worten ausdrückt. Möchte er nicht zu Gott sprechen, dann lässt man ihn einfach seine Gefühle, Wünsche, Bedürfnisse und Anliegen laut aussprechen. Dabei können die nachfolgenden Einleitungsphrasen hilfreich sein:

Wegen dieser Krankheit fühle ich mich...
Ich möchte jetzt in diesem Augenblick...
Ich brauche jetzt in meinem Leben ganz dringend...
Wenn ich gesund wäre, würde ich...
Ich möchte...

Drückt der Betreffende diese verschiedenen Empfindungen entweder Gott gegenüber durch ein Gebet aus oder teilt er sie einfach mit, öffnet er sich dadurch für weitere heilende Energie. Fühlt man, wie die Energie stärker zu fließen beginnt, dann teilt man dies dem Betreffenden mit. Dies ist eine wichtige Rückmeldung, durch die er erfährt, dass eine verletzliche Haltung den Strom heilender Energie fördert.

Als ich selbst diese Technik zum ersten Mal anwandte, fühlte ich zunächst nur wenig Energie, aber innerhalb weniger Wochen nahm sie zu. Statt nur entspannenden Frieden zu fühlen, der ja auch schon ein großes Geschenk ist, begannen die Menschen die Heilenergie zu fühlen, und manchmal klangen die Symptome in einer einzigen Sitzung ab oder verschwanden überhaupt. Während der ersten drei bis vier Minuten in einer Sitzung sollte man noch keine Energieübertragung erwarten. Vielmehr tritt zunächst ein Prickeln in den eigenen Fingern auf, und auch der Klient beginnt eine solche prickelnde Energie zu spüren.

Stufe 2: Eine Krankheit durch Energieabbau beseitigen
Nach dieser Aktivierung der Selbstheilungsenergie kann der Betreffende durch Energieabbau geheilt werden. Dies sollte

man jedoch erst versuchen, wenn man diese Technik beherrscht. Sprechen Sie dazu die folgende innere Absicht:

Heilende Energie,
ich brauche dringend deine Hilfe.
Bitte komm zu mir.
Ströme durch mich, um die Energie dieses Menschen
  abzubauen.
Benutze diese Hände, um seine überschüssige Energie
  abzuziehen.
Danke.

Um einen Energieabbau durchzuführen, legt man die Finger der linken Hand auf die Stirn des Betreffenden, die der rechten Hand auf den Nacken. Wie die Hände genau liegen, ist nicht wichtig. Man kann auch beide Hände neben ein verletztes oder krankes Körperteil legen.

Stufe 3: Energieaufbau nach dem Energieabbau
Wenn die aufgestaute überschüssige Energie abgeleitet ist, ist der Betreffende bereit für einen neuen Zustrom natürlicher oder göttlicher Energie durch Ihre Hände. Dadurch laden Sie Körper, Geist, Herz und Seele mit heilender Energie auf.
Dazu können Sie die folgende innere Absicht sprechen:

Heilende Energie,
ich brauche dringend deine Hilfe.
Bitte komm zu mir.
Ströme durch mich, um diesen Menschen wieder mit
  Energie aufzuladen.
Sende jetzt deine heilende Energie durch meine Hände.
Danke.

Es gibt noch viele weitere fortgeschrittene Heilungstechniken, aber mit diesen drei Ebenen werden Sie schon sehr weit kommen. Achten Sie dabei darauf, dass die Heilung nicht aus dem Gefühl einer Verpflichtung geschieht, sondern aus einer Haltung der Freude. Für die Anwendung dieser Technik brauchen Sie nicht mehr als zehn Minuten: etwa eine Minute zum Aktivieren der Fingerspitzen und etwa drei Minuten für jede der drei Stufen. Sie können diese Heilungstechnik als Geschenk für jemanden täglich oder einmal in der Woche durchführen. Wenn Sie sich an diese Anleitung halten, dann steht Ihnen eine ebenso aufregende wie erfüllende Reise bevor.

Nachdem Sie jemanden geheilt haben, sollten Sie sich immer fünfzehn Minuten Zeit nehmen, um überschüssige Energie, die Sie möglicherweise aufgenommen haben, wieder abzubauen; dann laden Sie sich wieder mit Energie auf. Meist genügen zehn Minuten Energieabbau und fünf Minuten Energieaufbau. Sie brauchen keine Angst zu haben, dass Sie sich die Krankheit eines anderen Menschen zuziehen könnten. Sie nehmen ja nicht die Krankheit als solche auf, sondern nur die überschüssige Energie. Solange Sie das Prickeln in den Fingerspitzen spüren, reinigt sich die vom Patienten oder Klienten aufgenommene Energie von selbst.

Sie sollten sich lediglich davor hüten, die überschüssige Energie des Betreffenden in den eigenen Körper aufnehmen zu wollen. Machen Sie sich bewusst, dass ja die heilende Energie die eigentliche »Arbeit« erledigt. Sie selbst bringen im Grunde nichts weiter ein als Ihre gute Absicht und lassen die dadurch heilende Energie ihr Werk verrichten.

Neun: Die Was-wäre-wenn-Technik

Um Ihre Fähigkeit, kleine Wunder zu wirken, nutzen zu können, müssen Sie es sich vor allen Dingen erlauben, mehr zu wollen. Scheuen Sie sich nicht, alle Ihre Wünsche zu erkunden. Verhalten Sie sich so, als ob Sie grenzenlose Möglichkeiten hätten. Gehen Sie Risiken ein, tun Sie, was Sie tun möchten, und bringen Sie dadurch in Erfahrung, ob Sie Dinge wirklich wollen. Glauben Sie weder mir noch sonst jemandem. Finden Sie selbst heraus, was für Sie wahr und richtig ist.

Mit Hilfe der Was-wäre-wenn-Technik können Sie erfahren, wer Sie ohne all Ihre eingebildeten Beschränkungen wirklich sind. Wenn Sie Ihre Reaktionen auf verschiedene »Was-wäre-wenn«-Fragen erkunden, gelangen Sie besser zu Ihrem wahren Selbst. Mit ein wenig Übung werden Sie entdecken, dass es in jedem Lebensbereich grenzenlose Möglichkeiten gibt, ein glückliches, gesundes, reiches und erfülltes Leben zu führen.

Wer die neun Leitprinzipien für kleine Wunder in die Praxis umsetzt und mit den neuen Selbstheilungstechniken arbeitet, der entdeckt sofort, dass er die Fähigkeit hat, sein Leben selbst in die Hand zu nehmen. Dabei braucht man noch nicht einmal ein Meister in diesen Techniken zu sein, um die Wirkungen erfahren zu können. Sobald man gelernt hat, Energie aufzubauen und abzubauen, öffnen sich automatisch alle Türen.

Wenn man Ärger am Arbeitsplatz oder mit seinem Partner hat, dann sollte man sich eben nicht ärgern, sondern sein Befinden mit der hier beschriebenen Was-wäre-wenn-Technik ändern. Man könnte sich zum Beispiel die Frage stellen: »Was wäre, wenn er sich entschuldigen oder etwas Nettes zu mir sagen würde? Wie würde ich mich dann fühlen?«

Statt sich durch das Tun anderer oder durch die Umstände der eigenen Vergangenheit einschränken zu lassen, kann man sich einfach fragen: »Was wäre, wenn…?« und sich vorstellen, dass die Umstände freundlicher wären. Dann hat man sehr schnell wieder Verbindung zu seinem wahren Selbst. Nimmt man diese innere Veränderung vor, wird man offener und flexibler, und dadurch reagiert auch die Umgebung offener und bereitwilliger.

Viele Menschen klagen darüber, dass sie in der Kindheit

nicht die Unterstützung bekamen, die sie brauchten. Aber statt Opfer der Vergangenheit zu bleiben, kann man seine persönliche Erinnerungen als Unterstützung einsetzen. Um sich von den beschränkenden Aspekten der Vergangenheit zu befreien, muss man zunächst verstehen, in welcher Weise man aus ihr Unterstützung beziehen kann. Negative Erfahrungen kann man nicht als solche beseitigen, aber man kann positive Erfahrungen an ihre Stelle setzen.

Wer als Kind geliebt wird, der kann die Überzeugung entwickeln, dass er Liebe verdient hat. Das ist die Grundlage für Selbstvertrauen, Nachsicht gegenüber sich selbst und viele andere positive Eigenschaften. Die Fähigkeit zur Selbstliebe ist in jedem Menschen vorhanden, aber sie wird erst durch die Unterstützung der Eltern aktiviert. Hat man als Kind diese Unterstützung nicht bekommen, dann muss man später im Leben viele Entscheidungen ohne dieses wichtige Wissen treffen.

Deshalb kann es sehr hilfreich sein, im späteren Leben die Frage zu erkunden: »Was wäre, wenn ich die Unterstützung bekommen hätte, die ich nicht bekommen habe?« Damit macht man letztlich die Folgen der Vergangenheit ungeschehen. Durch die Erkundung des »Was-wäre-wenn« verschafft man sich die Möglichkeit, seine Selbstliebe zu aktivieren. Stellt man die Verbindung zu seinem wahren Selbst wieder her, das man in der Vergangenheit unterdrückt hat, kann man auch die Vergangenheit wieder zu seiner Unterstützung heranziehen.

Nehmen wir an, Sie haben Schwierigkeiten, anderen Menschen zu verzeihen. Erinnern Sie sich dann an die Fehler, die Ihre Eltern begangen haben, und fragen Sie sich: »Was wäre, wenn meine Eltern sich entschuldigen und ihr Verhalten bedauern würden?« Dann werden Sie spüren, wie das Bedürfnis wächst, ihnen zu verzeihen, und dadurch wird es Ihnen auch viel leichter fallen, anderen und sich selbst in der Gegenwart zu verzeihen. Es kann sehr hilfreich sein, seine Vergangenheit zu betrachten und sich an vergangenen Schmerz zu erinnern, wenn man dabei versucht, sich mit Hilfe dieser Erinnerung besser, nicht schlechter zu fühlen.

Haben Sie einmal angefangen, sich eine Was-wäre-wenn-Frage zu stellen, können Sie noch weiter fragen, um Ihre Gefühle zum Vorschein zu bringen. Hier nenne ich einige Beispiele für Anschlussfragen.

Fragen Sie sich: »Was wäre, wenn ich Geld wie Heu hätte?« Stellen Sie sich dann weitere Fragen, zum Beispiel:

▷ Was würde ich tun?
▷ Wie würde ich mich fühlen?
▷ Wie würde ich mir meine Zukunft vorstellen?
▷ Wie würde ich auf meinen Chef reagieren?
▷ Wie würde ich meinen Ehepartner behandeln?

Weitere Beispiele für Was-wäre-wenn-Fragen sind:

▷ Was wäre, wenn ich wieder ein Single wäre?
▷ Was wäre, wenn ich keine Angst hätte?
▷ Was wäre, wenn ich glücklich verheiratet wäre?
▷ Was wäre, wenn ich gesund wäre?
▷ Was wäre, wenn ich nur noch ein Jahr zu leben hätte?
▷ Was wäre, wenn ich wüsste, dass ich so viele Leben hätte, wie ich möchte?
▷ Was wäre, wenn ich nicht so verrückt auf Süßes wäre? Was würde ich dann essen wollen?
▷ Was wäre, wenn ich mehr Zeit hätte?
▷ Was wäre, wenn ich in meiner Ehe alles bekommen würde, was ich brauche? Wie würde ich dann meinen Ehepartner behandeln?

Bei dieser Übung brauchen Sie nicht »vernünftig« zu sein. Denn genau das ist die Basis aller neun Leitprinzipien für kleine Wunder.

1. Was wäre, wenn ich lernen könnte, Wunder zu wirken? Was würde ich tun?
2. Was wäre, wenn ich wirklich tun könnte, was ich will? Welche Entscheidungen würde ich fällen?
3. Was wäre, wenn ich ein unbedarfter Anfänger wäre? Welche Fragen würde ich stellen? Was wäre meine Einstellung gegenüber anderen Menschen?
4. Was wäre, wenn ich das erste Mal Liebe schenken würde? Wie würde ich lieben und mein Herz schenken?
5. Was wäre, wenn ich alles hätte, was ich brauche? Wie würde ich gegenüber meinem Partner reagieren?
6. Was wäre, wenn Geld wirklich keine Rolle spielen würde? Was würde ich tun? Welche beruflichen und privaten Entscheidungen würde ich fällen?
7. Was wäre, wenn ich mich entspannen könnte, weil ich weiß, dass alles immer gut endet? Was würde ich dann tun?
8. Was wäre, wenn ich wüsste, dass Gott, eine höhere Macht oder ein Schutzengel mich hört und bereit ist, mir zu helfen? Wie würde ich beten und wie oft?
9. Was wäre, wenn ich alles essen könnte, was ich will, weil ich nicht von ungesundem Essen abhängig bin? Wie würde ich mich fühlen, und was würde ich anders machen?

Bei der Was-wäre-wenn-Übung brauchen Sie sich nicht darüber den Kopf zu zerbrechen, ob etwas möglich oder vernünftig ist. Erkunden Sie ohne Hemmungen, was Sie haben möchten, und stellen Sie sich dann vor, wie es wäre, wenn Sie es bekämen. Meist erlauben wir uns ja die Vorstellung nicht, dass wir mehr haben könnten oder haben möchten. Der Verstand stellt Regeln auf, die den freien Fluss der Wünsche behindern. Lernt man, die Verbindung mit den eigenen ungezügelten Wünschen aufzunehmen, dann entdeckt man immer besser, was die Seele eigentlich will.

Dabei findet man vielleicht zunächst heraus, dass man nicht mehr arbeiten möchte. Aber wenn man weiter seine vielen Wünsche erkundet, stellt man fest, dass man viel mehr Spaß an der Arbeit haben und mehr geachtet werden möchte. Vielleicht stellt man schließlich sogar fest, dass man sich nach Kräften anstrengen und für andere Menschen ein Vorbild sein möchte.

Wünsche sind wie ein Fluss, der trüb und träge wird, wenn man ihn aufstaut. Gönnt man jedoch dem Strom der Wünsche unbeschränkte Freiheit, dann beginnt er zu fließen und reinigt sich ganz von selbst. Lassen Sie Ihre verborgenen Wünsche an die helle Sonne Ihres Bewusstseins kommen! Dann werden Sie den Frieden, die Freude, das Selbstvertrauen und die Liebe erfahren, die dadurch entstehen, dass man die Wünsche seiner Seele wahrnimmt.

9

Die inneren Schätze

Die wunderbare Heilung und die großartigen Erfolge, die jeder Mensch heute erfahren kann, entstehen durch die Entwicklung der eigenen inneren Fähigkeit, kleine Wunder zu wirken. Diese Fähigkeit ist in jedem Menschen vorhanden. Man braucht sie lediglich zu erwecken, was mit den neun Leitprinzipien und Techniken für kleine Wunder leicht gelingt.

Die Fähigkeit, kleine Wunder wahr werden zu lassen, hat sich in den letzten zweitausend Jahren, vor allem aber in den letzten zwei Jahrhunderten in unserem Bewusstsein entwickelt. Viele dieser Ansätze sind nicht neu, aber heute können wir sie in einer neuen Weise darstellen und nutzen. In ihrer Gesamtheit lassen sie wie eine Linse die großen spirituellen Fragen klarer hervortreten, auf die die Menschheit in der neueren Geschichte Antworten gesucht hat. Nüchtern betrachtet, sind dies genau die Grundprinzipien, nach denen die Menschen in allen Kulturen ihr Leben zu führen versuchen.

Aktualisiert man sein Wissen um diese Grundsätze und integriert man sie in seine persönliche Erfahrung, dann werden plötzlich Dinge erreichbar, von denen man bisher höchstens zu träumen wagte. Dieses Buch will niemanden zu etwas überreden, sondern einfach nur jeden Menschen zu seinen inneren Schätzen hinführen, die er immer schon besessen hat, deren er sich bisher aber noch nicht ganz bewusst war.

Es gibt unzählige Möglichkeiten der Weiterentwicklung von Körper, Seele und Geist. Persönliches Wachstum kann ganz einfach sein. Es ist so einfach wie eine Mahlzeit zu kochen.

Man braucht dazu nur Lebensmittel, Wasser und Hitze. Dies sind die Grundelemente. Die Möglichkeiten, daraus eine köstliche Mahlzeit zu bereiten, sind unendlich. Aber auch wenn man für sich selbst ein perfektes Mahl zubereitet, ist dies noch keine Garantie dafür, dass es auch anderen schmeckt. Jeder Koch weiß, dass kein Rezept allen Menschen gleichermaßen zusagt.

Dieses Buch ist meine Mahlzeit, die ich für Sie zubereitet habe. Die Worte sind vielleicht nicht für jeden richtig, aber ich hoffe, dass es für Sie doch zumindest einige sind. Am schönsten wäre es natürlich für mich, Sie hätten das Gefühl, dass alles genau auf Sie passt und sich sofort bewährt. Dann würden Sie innerhalb von Tagen oder Wochen Ihre persönlichen kleinen Wunder wirken können.

Bitte nehmen Sie keinen Anstoß daran, wenn Ihnen einige meiner Ideen als weit hergeholt oder absurd erscheinen. Es ist mir bewusst, dass es früher den meisten Menschen unmöglich war, sie in die Praxis umzusetzen. Aber eben deshalb erscheinen sie heute wie Wunder. Wenn sich ein Gedanke für Sie nicht bewährt, dann bedeutet dies nicht, dass auch alle anderen hinfällig wären. Wir alle sind Menschen und machen Fehler. Ich versuche mein Bestes, um die richtigen Worte zu finden, damit möglichst viele Menschen mich verstehen können. Ich hoffe, dass auch Sie einiges finden werden, was sich für Sie bewährt, und dass Sie möglichst unbefangen viele der beschriebenen Grundsätze und Übungen erproben können.

Übung und Überzeugung

Um kleine Wunder wahr werden zu lassen, sind Übung und Überzeugung erforderlich. In der Regel fällt das jüngeren Menschen leichter. Je älter man wird, desto mehr ist man durch frühere Erfahrungen desillusioniert. Man weiß, was man sich zutrauen kann und was nicht. Wenn man zum Beispiel einmal als Sportler oder Künstler gescheitert ist, dann geht man davon aus, dass man eben nicht das Zeug dazu hat. Und doch erleidet man manchmal die schmerzlichsten Enttäuschungen im Leben gerade da, wo man seine größten Begabungen hat.

In meiner Jugend hatte ich allergrößte Hemmungen, in der Öffentlichkeit zu sprechen. Meinen ersten Vortrag über Meditation und die Entwicklung des vollen geistigen Potenzials hielt ich mit neunzehn. Ich war so nervös, dass meine Knie zu zittern begannen. Als ich dann mit völlig leerem Kopf vor meinem Publikum stand, fiel ich in Ohnmacht. Hätte ich es damals aufgegeben, jemals wieder vor einem Publikum zu sprechen, dann hätte ich eine meiner größten Begabungen niemals entwickelt. Heute macht es mir nichts mehr aus, vor Tausenden von Menschen zu sprechen. Es gibt sogar wenige Dinge in meinem Leben, die mir so viel Freude machen, und diese Vorträge sind für mein Publikum und für mich eine Quelle großer Inspiration. Ich fühle dabei nicht mehr die leiseste Spur von Angst.

———◄◊►———

Unsere größten Ängste verdecken oft unsere größten Begabungen.

———◄◊►———

Ich brauchte zehn Jahre, um meine Angst zu überwinden und mein verborgenes Talent zu entdecken. Nachdem ich meine Fähigkeiten als Redner entwickelt hatte, verspürte ich den Drang, ein Buch zu schreiben. Aber auch hier fühlte ich mich blockiert. In der Schule war Schreiben mein schwächstes Fach und Mathematik mein bestes. Ich war einfach kein guter Schriftsteller, und all meine Versuche endeten in Frustration. Auf dem College brauchte ich Stunden, um einige Seiten zu schreiben. Ich konnte es nicht fassen, wie leicht meinen Freunden das Schreiben fiel. Nein, Schreiben war nichts für mich.

Aber bis heute habe ich zwölf Bestseller geschrieben und schreibe inzwischen sehr schnell. Anfangs brauchte ich einige Jahre, um meine Ideen in einer geordneten Weise zu Papier bringen zu können, aber nun arbeite ich nur noch wenige Monate an einem neuen Buch. Was zunächst eine sehr mühsame Aufgabe war, ist heute eine meiner größten Stärken.

Jahrelang konnte ich auch als Heiler die heilende Energie nicht so intensiv spüren, wie es heute der Fall ist. Erst vor etwa drei Jahren gelang es mir, die Selbstheilungskräfte anderer Menschen sogar bei lebensbedrohlichen Krankheiten deutlich zu verbessern. Der Grund dafür ist nicht meine lange, harte Arbeit, sondern das veränderte Bewusstsein der Welt. Nicht nur ich kann diese wunderbare Heilenergie spüren und lenken, sondern praktisch jeder, der an meinen Workshops teilnimmt. Man braucht lediglich jemanden, der einen auf diese Energie hinweist und zeigt, wie man sie einsetzt.

Die meisten meiner Workshop-Teilnehmer sind sehr erstaunt, weil ihnen die Veränderung ihrer Fähigkeiten vorher nicht bewusst war. Aber plötzlich gelingt es ihnen, subtile natürliche Energie zu fühlen und zu sammeln. Sie profitieren unmittelbar davon. Solange sie nicht die Möglichkeit hatten, etwas Neues zu lernen, wussten sie nichts von ihren verborgenen Fähigkeiten, von ihren inneren Schätzen, die ihnen jetzt plötzlich zur Verfügung stehen.

Die Grenzen der Erkenntnis

Jesus wirkte viele Wunder, aber er konnte sein inneres Potenzial und seine Fähigkeit nur zum Teil an andere Menschen weitergeben, weil sie noch nicht dazu bereit waren. Er sagte: »Deshalb rede ich zu ihnen in Gleichnissen, weil sie sehen und doch nicht sehen, weil sie hören und doch nicht hören und nichts verstehen.«

Aber er konnte die Menschen inspirieren und ihnen Hoffnung geben. Und heute sind wir fähig, die spirituellen Wahrheiten zu verstehen, die die Voraussetzung für Wunder sind. Der große Lehrer und Wundertäter Buddha hatte eine ähnliche Vision. Er sagte, dass er bestimmte Fragen nicht beantworten könne, weil die Menschen noch nicht dazu bereit seien. Er wusste, dass sie ihn weder verstehen konnten noch wollten. Deshalb konnte er für die Menschen seiner Zeit nichts weiter tun, als ihnen eine angemessene Lehre zu überbringen, um ihr Leiden zu lindern. Er sah sich wie Jesus mit einer mentalen Mauer konfrontiert, vor der auch viele andere Lehrer stehen: Man kann nur lehren, was die Schüler zu hören bereit und fähig sind.

———◄○►———

Erst heute sind die Menschen fähig,
die spirituellen Wahrheiten zu verstehen,
die die Voraussetzung für Wunder sind.

———◄○►———

Zum Glück leben wir heute in einer Zeit, in der die meisten Menschen Dinge begreifen und in der Praxis anwenden können, die früher nur wenige begreifen konnten. Wir alle haben heute in einem sehr konkreten Sinne gleichermaßen Zugang zu unserem inneren Potenzial, persönliche Wunder zu wirken und unsere Träume wahr werden zu lassen. Die meisten Menschen brauchen nichts weiter als die notwendige Unterweisung, um ihre inneren Fähigkeiten zu erwecken, und dieses Wissen ist heute für jeden und jederzeit verfügbar.

Menschen aller Religionen und spirituellen Neigungen haben zum Beispiel die Fähigkeit, in der Warteschlange ihres Supermarkts ein Gespräch anzuknüpfen und zu entdecken, dass sie mit einem wunderbaren spirituellen Wesen sprechen, ganz unabhängig von der Religion. Religiöse Vorurteile, die nach wie vor für Gewalt und Misstrauen verantwortlich sind, werden in der Zukunft immer mehr beseitigt werden. In diesem Zeitalter der Wunder wird jemand, dem Transformation, Veränderung und spiritueller Fortschritt ein Anliegen sind, nicht mehr daran Anstoß nehmen, wenn ein anderer einen anderen spirituellen Weg geht als er selbst.

In einem meiner Seminare formulierte eine Teilnehmerin einmal diese einfache und wunderbare Wahrheit: »Ich habe eine der Übungen zusammen mit einem Hindu durchgeführt«, sagte sie. »Ich bin gläubige Christin und war immer misstrauisch gegenüber Menschen, die nicht an Jesus glaubten. Als ich den Hindu kennen lernte, wurde mir klar, dass er ein ebenso guter Mensch war wie ich und dass er eine sehr spirituelle Einstellung hatte. Diese Erfahrung hat mir geholfen, mich geistig zu öffnen und das Gute in allen Menschen und allen Religionen anzuerkennen.«

Diese positive Erfahrung spiegelt eine Veränderung wider, die heute in den Verfassungen aller demokratischen Völker verankert ist: religiöse Freiheit und echte Toleranz aufgrund der tief empfundenen Erkenntnis, dass es nicht nur einen Weg für alle Menschen geben kann.

Das Einbahnstraßendenken aufgeben

Kinder haben noch ein typisches Einbahnstraßendenken. Weil sie noch keinen Zugang zum Wissen der Welt haben, sind sie völlig auf die Leitung ihrer Eltern angewiesen. Um sich sicher fühlen zu können, müssen Kinder einfach glauben, dass sie den richtigen Vorbildern folgen. Deshalb sind alle kleinen Kinder davon überzeugt, dass ihre Eltern die besten sind.

Etwa um das zehnte Lebensjahr tritt jedoch eine Veränderung ein, und die Kinder sehen plötzlich sich selbst, die Welt und ihre Eltern mit anderen Augen. Das Selbstbewusstsein wächst, und manchmal werden ihnen ihre Eltern peinlich.

Etwa mit dreizehn oder vierzehn erreicht das Gehirn eine weitere Entwicklungsstufe. Von den unendlich klugen und weisen Eltern bleibt dann nicht mehr viel übrig. Die Jugendlichen sind plötzlich der Meinung, dass sie alles wissen und die Eltern nichts. Dieser Prozess des Erwachsenwerdens, den alle Eltern kennen, lässt uns den Prozess der Menschheitsentwicklung besser verstehen.

———◁○▷———

Kleine Kinder sind meistens davon überzeugt, dass ihre Eltern die besten sind, aber Jugendliche glauben plötzlich, dass sie alles wissen und die Eltern nichts.

———◁○▷———

Die allmähliche Trennung von Kirche und Staat, der schließlich die Entwicklung des naturwissenschaftlichen Denkens folgte, spiegelt dieselben Veränderungen wider. Die Trennung von Kirche und Staat konnte eintreten, als das Bewusstsein der Menschen so weit gereift war, dass ein eigenständiges Denken möglich war. Wie einem neunjährigen Kind die plötzlich wahrgenommenen Unzulänglichkeiten der Eltern peinlich sind, so erkannten die Menschen damals, dass die Kirche nicht vollkommen war.

Der Übergang zum naturwissenschaftlichen Weltbild trat ein, als diese Veränderung abgeschlossen war. Die Menschen erkannten, dass die göttliche Autorität in die Irre führt und dass jeder Einzelne genauso gut wie die Kirche wissen kann, was gut und richtig ist. Jeder Mensch hat die Fähigkeit, die Wahrheit zu erkennen. Erst auf dieser Grundlage konnten sich die Naturwissenschaften entwickeln. Ebenso wie viele Jugendliche die Allmacht und die Allwissenheit ihrer Eltern in Frage stellten, so verwarfen die Anhänger der neuen Religion der Naturwissenschaft die alten religiösen Traditionen und verkündeten die Überlegenheit der naturwissenschaftlichen Forschung.

Aber die Menschen konnten ihr Herz auch für weitere Experimente öffnen. Dies äußerte sich historisch in der Renaissance und anderen Zeiten eines kulturellen und künstlerischen Umbruchs in der Gesellschaft. Jede Generation brachte eine Erneuerung der bildenden Künste und der Musik mit sich, und so lösten sich die Menschen immer weiter vom Einbahnstraßendenken. Damit konnten die Ideen von Freiheit und Gleichheit ihren Siegeszug antreten. Diese Entwicklung ist für die Ausbreitung der Demokratie der letzten zweihundert Jahre verantwortlich.

Nun, am Anfang des neuen Jahrtausends, besteht unsere Herausforderung nicht mehr nur darin, weiterhin unserem Verstand und unserem Herzen zu folgen, sondern auch darin, unsrem Gewissen bei dem Bemühen zu gehorchen, unsere Pflicht zu tun und unsere Träume zu verwirklichen. Die neun Leitprinzipien für kleine Wunder und die verschiedenen Techniken können uns bei dieser großartigen Herausforderung helfen.

Ich hoffe, dass Sie dieses Buch auf Ihre Reise mitnehmen, um damit bei sich selbst, bei Ihren Freunden und bei Ihrer Familie Wunder wahr werden zu lassen. Lassen Sie sich von diesem Buch daran erinnern, wer Sie wirklich sind und was Ihre Aufgabe hier auf der Erde ist. Denken Sie daran, dass Sie nicht allein sind und dass Sie noch nie allein waren. Denken Sie daran, dass Sie heute viel mehr erreichen können als je zuvor. Und vergessen Sie nie, dass Sie frei sind.

Nutzen Sie Ihre neue Freiheit. Es liegt jetzt in Ihrer Macht, Ihr Leben zu verändern und mit Gottes Hilfe und der Hilfe der Menschen das Leben zu führen, das Sie immer führen wollten.

Danksagung

Ich danke meiner Frau Bonnie und unseren drei Töchtern Shannon, Juliet und Lauren für ihre beständige Liebe und Unterstützung. Ohne ihre Mithilfe hätte dieses Buch nicht geschrieben werden können.

Ich danke Jane Friedman von Harper Collins dafür, dass sie immer an dieses Buch geglaubt hat. Meiner Lektorin Diane Reverand danke ich für ihr großartiges Feedback und ihren Rat. Ich danke meiner Presseagentin Laura Leonard, außerdem Anne Gaudinier, Rick Harris und Susan Stone von Harper Audio und all den anderen unglaublich guten Mitarbeitern von Harper Collins. Matthew Guma danke ich für die redaktionelle Unterstützung. Besonderer Dank gilt meiner internationalen Agentin Linda Michaels, die dafür gesorgt hat, dass meine Bücher weltweit in über fünfzig Sprachen erscheinen konnten. Monique Mallory von Planned Television Arts danke ich für den großen Einsatz, mit dem sie meine vielen Medienauftritte organisiert hat.

Ich danke meinen Mitarbeitern Steve Grumer, Helen Drake, Bart und Merril Berens, Pollyanna Jacobs, Ian und Ellie Coren, Donna Doiron, Michael Najarian, Sandra Weinstein, Jon Myers, Martin und Josie Brown, Matt Jacobs, Bob Beaudry und Ronda Coallier für ihre verlässliche Hilfe und ihren großen Einsatz. Und ich danke all meinen Freunden und Angehörigen für ihre Unterstützung und ihre hilfreichen Vorschläge: Robert Gray, Virginia Gray, Robert und Karen Josephson, Clifford McGuire, Jim Kennedy, Oprah Winfrey, Merv Griffin, Renee Swisco, Paul Goodberg, Darren Stephens und Jackie Tallentyre, Bill Galt, Gail Weaver, Cheryl Lingvall, Dr. Zhi Gang Sha, Dr. Mohsen Hourmanesh, Dr. Ellen Cutler, Jon Carlson, Rami El Batrawi und Malcolm Johns.

Ich danke den Hunderten von Kursleitern, die in der ganzen Welt Mars-Venus-Workshops abhalten, und den Tausenden von Singles und Paaren, die an diesen Workshops teilgenommen haben. Weiterhin danke ich den Mars-Venus-Beratern, die diese Grundsätze täglich in ihrer Beratungspraxis anwenden.

Ich danke meinen Eltern Virginia und David Gray für ihre Liebe und Unterstützung. Sie sind nun nicht mehr unter uns, aber diese Liebe trägt mich auch weiterhin. Ein Dankeschön auch an Lucile Brixey, die mich immer wie eine zweite Mutter leitete und liebte.

Vor allem danke ich Gott für die unglaubliche Energie, Klarheit und Unterstützung, die mir bei der Arbeit an diesem Buch zuteil wurde.

Wer mehr erfahren möchte über den Autor John Gray und seine Seminare in deutscher Sprache, kann sich an die untenstehende Kontaktadresse wenden.

Seit 1996 gibt es das von Dr. John Gray gegründete Mars Venus Institute, Mill Valley, Kalifornien. Mehr als 600 speziell ausgebildete und persönlich autorisierte Trainer, die Facilitators, bieten in den USA und weltweit Workshops zu den Themen an, die in diesem Buch behandelt wurden.

Diese interaktiven Seminare sind vom Autor persönlich entwickelt worden und vermitteln den Teilnehmern ein tieferes Verhältnis für positive Kommunikation zwischen Männern und Frauen sowie praktische Tipps auf dem Weg zu einem erfüllten und erfolgreichen Leben.

Für den deutschsprachigen Raum gibt es seit 1999 das Mars Venus Institut (Deutschland). Fordern Sie kostenfrei aktuelle Informationen über das Angebot an Seminaren und Workshops an oder informieren Sie sich auf unserer web site im Internet.

MARS VENUS
INSTITUT

Hans-Joachim von Malsen
Postfach 1525 · D-82178 Puchheim

Service-Telefon: 0 18 05 / 22 55 68
Telefax: 0 89 / 89 02 70 39

http://www.MarsVenusDeutschland.com
e-mail: service@marsvenus.de